문화·스포츠관련
국제기구 지식정보원

국제기구 지식정보원 시리즈 ❻

문화·스포츠관련 국제기구 지식정보원

International Organizations | 홍현진·노영희 |

ksi 한국학술정보㈜

머리말

문화(culture)의 개념은 라틴어의 '(밭)을 경작하다, 가꾸다' 혹은 '(신체를) 훈련하다' 등을 의미하는 colo(형용사 cultus, 명사 cultura)에서 나온 것이다. 즉 문화는 원래의 자연을 가꾸어 만든 산물 또는 그러한 행위 양식을 의미한다. 이렇게 본래 물질적인 의미에서 사용되던 colo는 이제 가치·정신적 의미에서의 '도야'나 '교양' 등의 의미로 사용되기 시작했다. 문화의 의미는 시대의 발전에 따라 다양한 의미로 발전되어 왔으며, 따라서 한마디로 정의하기는 힘들지만 일반적으로 문화란 "사회의 구성원으로서 개인이 획득하는 지식, 신념, 예술, 도덕, 법률, 관습 등의 총체" 또는 "한 집단을 이루는 사람들의 독특한 생활방식과 생활을 위한 모든 설계"라고 정의된다. 따라서 문화는 사회적으로 학습되고 구성원들에 의해 공유되는 모든 것이며, 비물질적 요소와 물질적 요소를 포함한다.

문화는 국내에서뿐만 아니라 국가 간 교류를 통해서 서로 영향을 주고받으며 새로운 문화를 형성하기도 하는데, 정서적 유대를 강화하고 신뢰도를 높여 상호간의 심리적 거리를 좁히는 모든 활동을 문화협력활동이라 할 수 있으며, 역사와 철학, 이념을 비롯해 NGO의 활동, 예술, 청소년과 여성 등 인적교류, 스포츠교류, 관광, 교육 및 학술교류, 문화재 보존, 방송미디어 등을 범위로 포함할 수 있다. 대표적인 문화협력 분야 국제기구인 국제연합교육과학문화기구(UNESCO: United Nations Educational, Scientific and Culture Organization)에서는 문화정책, 문화유산, 문화다양성, 문화

간 교류, 문화산업, 문화와 개발, 예술과 창조성, 문화관광 등 좀
더 광범위한 분야에서의 협력사업을 수행하고 있다.

　문화관련 국제기구들의 문화협력성과를 보면, UNESCO는 문화
다양성협약, 세계문화유산 지정과 관리를 하였다. UNDP는 가난을
벗어나게 하기 위한 개도국 개발이 주목적인데, 그 개발의 대상으
로 관광과 문화행정을 포함하는 등 사업영역이 확장되고 있다. EU
는 최근 유럽 시민들의 정서적 공감대와 신뢰 강화 그리고 유럽인
으로서의 정체성 형성을 위해 문화협력사업을 'Culture 2000(2006
년까지의 사업)'과 같은 장기 플랜에 의해 추진하고 있다. ASEAN
도 '동남아 국가연합'이라는 이름에 걸맞게 정치적 정상회의에서
시작했으나 정부장관회의를 거쳐, 2003년 문화장관회의를 신설하
였다. 아세안 국가 간의 문화 이해가 중요하다는 인식이 정책에
반영된 것이다. 아세안 TV 뉴스를 제작하는 등 미디어 매체를 활
용한 문화협력사업도 전개하고 있다. ASEM의 경우에도 아시아와
유럽의 청소년들이 미래에 아시아와 유럽공동체의 협력을 위한 주
역이 되도록 하기 위해 아셈듀오장학사업 등 다양한 교육사업을
수행하고 있다.

　이러한 문화관련 국제기구들은 정부 간, 지역 간 연합에 의해
설립되며, 각 국제기구들이 문화와 관련한 세계적인 현안들을 협
력하여 해결해 나가면서, 그 과정에서 발생하는 모든 활동과 정책
을 문서화하고 있다. 각 기구의 활동에서 생산된 각종 법률과 수
천 종의 간행물은 다양한 정보를 수록하고 있어서 지식정보자원으
로서 중요한 의미를 지닌다. 본서에서는 이러한 정보를 체계적으
로 수집하고 유통시킬 수 있는 방안을 강구하고자 하였고, 이를
위해 각 국제기구가 생산 및 관리하고 있는 지식정보원에 대한 정

보를 최대한 수집하여 정리하였다. 본서에서는 문화관련 국제기구 뿐만 아니라 스포츠관련 국제기구들도 포함하고 있는데, 이는 스포츠관련 국제기구가 많지 않아 따로 분리하는 것이 적절하지 않고, 또한 스포츠를 문화영역에 포함시켜도 큰 무리가 없을 것으로 판단되었기 때문이다.

첫째, 조사대상 국제기구를 선정하였다. 문화·스포츠관련 국제기구 중에서 비교적 규모가 큰 국제기구만을 선정하되 기구 활동의 결과를 문서로 생산하거나 기구 내에 도서관·정보센터를 두고 있는 기구들을 중심으로 조사하였다.

둘째, 선정된 국제기구 자체에 대한 조사를 함으로써 국제기구 정보원에 대한 자료를 제공할 뿐만 아니라 그러한 정보원을 제공하는 각 국제기구에 대한 이용자들의 이해를 돕고자 하였다. 각 국제기구의 소재지, 설립연혁, 설립목적, 국제기구의 회원, 주요 사업, 한국과의 관계 등에 관한 정보를 조사하였으며, 주요 사업이나 국제기구 회원에 대한 정보는 국제기구 사이트나 관련 문헌에서 정보를 찾을 수 없는 경우 생략하였다.

셋째, 선정된 각 국제기구가 제공하고 있는 정보서비스 및 그 특징에 대해서 구체적으로 조사하였다.

■ 각 국제기구의 정보배포정책에 대해 조사함으로써 향후 국내 특정 기관이 문화·스포츠관련 국제기구 정보원을 수집하고자 할 경우 본서를 통해서 그 정보배포정책에 대한 정보를 얻을 수 있도록 하였다. 즉 각 국제기구별 온·오프라인 정보배포정책을 조사하였다.

■ 각 국제기구가 보유하고 있는 데이터베이스에 대해 조사하였다. 각 국제기구는 기구에 따라 약간의 차이가 있으나 각 기

관이 소장하고 있는 데이터를 데이터베이스로 구축하여 서비스하고 있는 경우가 있으며, 본서에서는 이러한 각 국제기구가 제공하고 있는 데이터베이스 및 각 데이터베이스의 서비스 방법에 대해서 조사하였다.

■ 각 국제기구가 보유하고 있는 다양한 종류의 간행물에 대해서도 조사하였다. 대부분의 국제기구는 각 국제기구의 활동을 관련 국가 또는 관련 분야 사람들에게 알리고자 하는 목적에서 정보자료를 생산하여 제공한다. 따라서 국제기구의 활동 결과는 회의보고서, 보고서, 단행본, 뉴스레터, 연속간행물 등 매우 다양한 정보자료 형태로 생산된다. 본서에서는 이러한 다양한 종류의 정보원이 관련 분야 전문가 및 이용자에게는 매우 유익한 지식정보원이 될 수 있기 때문에 모두 조사하였다.

본서는 2006년에 출판된 『국제기구 지식정보원의 이해와 활용』에서 출발한다. 즉 세계적으로 국제기구는 2만여 개가 넘는 것으로 알려지고 있으나 지면상의 한계로 위 책에는 비교적 규모가 큰 국제기구만을 선별하여 주제 구분 없이 수록하고 있다. 이후 주제 분야별 지식정보원 시리즈를 발간하고 있으며, '국제기구 지식정보원 시리즈' 제1권으로 『해사(海事)관련 국제기구 지식정보원』을, 제2권으로 『경제관련 국제기구 지식정보원』을, 제3권으로 『환경관련 국제기구 지식정보원』을, 제4권으로 『인권관련 국제기구 지식정보원』을, 제5권으로 『개발원조관련 국제기구 지식정보원』을 출판하였으며, 이번에는 제6권으로 『문화·스포츠관련 국제기구 지식정보원』을 출판하게 되었다. 앞으로도 의료, 법률, 교육, 예술 등 다양한 주제 분야의 국제기구 지식정보원을 시리즈로 발간함으로써 국제기구 지식정보원의 국내 유통을 활성화하는 데 기여하고자 한다.

끝으로 이 책을 출판하기까지 정보자료 수집 및 교정과 색인 작성 등 정성과 노고를 아끼지 않은 맨체스터대학(University of Manchester, UK)의 임소진 연구원과 건국대학교 송영림, 이은미 연구원에게 깊은 감사를 드린다.

2009년 1월

홍현진 · 노영희

일러두기

1. 발간목적

이 자료의 발간목적은 세계적으로 유명한 문화·스포츠관련 국제기구에서 생산되는 정보자료를 국내 정보망을 통해 공식적으로 유통시키기 위함이며, 이를 위해 각 국제기구에서 생산되는 데이터베이스, 연속간행물 및 단행본에 대한 정보를 수록하고 있다.

2. 자료수집

문화·스포츠관련 국제기구 및 단체에서 발행한 안내서, 홈페이지, 연감 및 각종 보고서에 실린 자료들을 기초로 국제기구에 대한 간략한 정보와 각 기관에서 생산되는 자료에 대한 정보를 수집하였다. 추가적으로 보완이 필요한 경우 전화나 이메일을 이용하여 보다 구체적이고 정확한 정보를 수집하고자 하였다.

3. 기구선정

현재 세계적으로 문화·스포츠관련 국제기구 및 단체는 2천여 개가 넘는 것으로 나타나고 있으며, 본서에는 비교적 규모가 크고 정보생산량이 많은 기구를 중심으로 선정하였고, 총 54개의 기관을 수록하였다.

4. 수록내용

본서는 문화·스포츠관련 국제기구에서 생산되는 지식정보원을 주로 소개하고 있지만, 각 국제기구에 대한 일반적인 내용도 포함하고 있다. 즉 국제기구의 소재지, 설립연혁, 설립목적 및 기능, 회원국, 한국과의 관계 등에 대한 정보를 포함하였다. 또한 정보자료에 대한 내용을 주로 수록하고 있는데, 각 국제기구의 정보배포정책, 정보원의 주제 분야, 정보원의 종류, 서비스의 특징, 소장하고 있는 데이터베이스, 산하 도서관의 유무, 그리고 정보획득방법에 관한 정보까지도 최대한 수록하고자 하였다.

5. 약어표 및 색인

본서에는 독자의 이해를 돕기 위해 약어표를 첨부하였으며, 본서에 실린 문화·스포츠관련 국제기구에 대한 약어표뿐만 아니라 기존에 출판된 시리즈의 약어표까지 수록함으로써 검색의 확장을 돕고자 하였다. 또한 본 자료에 실린 국제기구에 보다 신속하게 접근할 수 있도록 국제기구명 국문·영문색인을 수록하였다.

목 차

I. 문화 및 문화관련 국제기구의 이해

1. 문화의 이해

1.1 문화의 어원

문화(culture)라는 개념은 라틴어의 '(밭)을 경작하다, 가꾸다' 혹은 '(신체를) 훈련하다' 등을 의미하는 colo(형용사 cultus, 명사 cultura)에서 나온 것이다. 즉 문화는 원래의 자연을 가꾸어 만든 산물 또는 그러한 행위 양식을 의미한다. 문화는 인류가 오랜 유목적 생활을 끝내고 정착적인 농경생활에 접어들었을 때 형성되기 시작했다고 볼 수 있다(원숭룡 2007).

주어진 동물적 생활에 만족하지 않고 각종 도구를 사용하여 자연을 변형하고 개량하여 만들어진 인간적 세계가 문화인 것이다. 문화는 세대에서 세대로 지속되고 보존되어야 의미 있는 것이기 때문에 일정한 문화적 공간이 확보되어야만 수립될 수 있는 것이다.

이렇게 자연으로부터 경계 지어진 문화는 점차 '가치적인' 의미에서도 경작된다. 인간은 사회공동체 속에서 좋은, 올바른, 아름다운, 존경받는 여러 제도, 관습, 의식, 작품 등을 가꾸고 유지시켜 나간다. 여기서 인간 자신이 경작되어야 할 필요가 생기는 것이다. 이렇게 본래 물질적인 의미에서 사용되던 colo는 이제 가치·정신적 의미에서의 '도야'나 '교양' 등의 의미로 사용되기 시작했다.

로마의 철학자 키케로는 본래의 직접적인 의미에서 변용된 은유적, 철학적 의미에서 영혼의 도야(cultura animi)를 말하는데 여기서 '도야'는 성취된 상태라기보다는 도야를 성취해 나가는 과정으로 생각되었다. 즉 이때부터 'cultura'는 물질적 영역을 가꾸는 것보다는 마음(영혼, 정신)을 가꾸는, 특히 도덕적 정신을 함양하는 활동으로 생각하는 전통이 싹트고 있었다.

1.2 문화의 정의

문화의 개념을 명확하게 정의하기는 쉽지 않다. 왜냐하면 문화의 개념은 학자에 따라, 그리고 사용되는 목적에 따라 다양하게 정의될 수 있기 때문이다(Brooker 1999).

레이먼드 윌리엄스(Raymond Williams)는 문화의 개념을 예술과 예술적 활동으로서의 문화, 삶의 방식으로서의 문화, 과정과 발전으로서의 문화로 구분하여 문화를 정의하기도 했다(Williams 1983).

첫째, 예술과 예술적 활동으로서의 문화는 일상적인 대화에서 사람들은 문화를 '지적이고 특히 예술적인 활동의 실천이나 작품'으로 이루어진 것이라고 생각한다. 따라서 문화는 '음악, 문학, 회화, 조각, 연극, 영화'를 묘사하는 단어이다. 이런 의미의 문화는 흔히 '교양 있는' 사람들이 참여하는 세련된 활동을 뜻한다.

둘째, 삶의 방식으로서의 문화는 사회생활 곳곳에 퍼져 있는 문화가 함께 살아가는 사람들의 산물인 동시에 학습된다는 점을 강조한다. 이러한 관점에서 19세기 인류학자 타일러(Tyler 1871)는 문화를 "지식, 믿음, 예술, 도덕, 법, 관습, 그리고 사회 구성원으로서의 인간이 획득한 기타 능력과 습관을 포함한 복합적 전체"라고 정의했다.

셋째, 과정과 발전으로서의 문화는 그 의미가 시대에 따라 변화된다는 것이다. 즉 중세 후기에 최초로 문화라는 단어가 사용되었을 때에는 곡물 경작과 동물 사육, 즉 농업을 뜻했다. 그 후 문화는 정신의 계발을 묘사하는 단어로 변화했다. 문화라는 단어가 이런 차원의 의미를 지니게 되자 후에 개인의 능력 계발 전반까지 문화에 포함하게 되었고, 나아가 사회적·역사적 과정 전반을 포함하는 더 광의의 개념으로 확대되었다(Williams 1983).

문화의 특성을 고려하여 문화의 개념을 구분하고 있기도 한다(임학순 2003).

첫째, 문화를 생활양식으로 이해하는 시각이다. 이러한 문화 개념은 광의의 개념으로서 문화인류학과 사회학에서 활용되는 용어로 사회나 집단에서 공유되는 태도, 가치관, 관습, 제도 등이 모두 포함된다. 1982년 Mexico City에서 열린 'World Conference on Culture Policies(Declaration of Mondiacult)'에서는 문화를 '사회와 사회집단을 특징짓는 뚜렷한 정신적, 물질적, 정서적 특성의 총체'로 정의함으로써 광의의 개념으로 사용하고 있다.

둘째, 문화를 지적, 정신적, 예술적 산물로 이해하는 시각이다. 이것은 문화의 개념을 창의성을 바탕으로 만들어진 문화산물(Cultural Products)로 본 것이다. 전통문화유산, 예술, 문화콘텐츠 등이 모두 이러한 문화의 범주에 포함된다. 영국의 문화미디어스포츠부(Department of Culture, Media and Sports 2001)는 창작산업을 '개인의 창의성과 기술 및 재능에 바탕을 둔 산업을 지적 재산의 생산과 개발을 통해 부와 직업을 창출할 수 있는 잠재력을 가진 산업'으로 정의하고 있는데, 이러한 창작산업 역시 문화산물의 대표적인 사례라고 할 수 있다. 창작산업에는 광고, 건축, 예술과 고대예술시장, 공예, 디자인, 패션, 영화와 비디오, 쌍방향 여가 소프트웨어, 음악, 공연예술, 출판, 소프트웨어 컴퓨터서비스, 텔레비전과 라디오 등이 모두 포함된다. 문화가 경제적 부가가치를 창출할 수 있는 것은 기본적으로 문화가 지적, 정신적, 예술적 산물이기 때문이다. 저작권산업(Copyright Industry)이나 라이센싱산업(Licensing Industry)은 지적 재산을 바탕으로 수익을 창출하고, 특히 디지털시대에는 원소스멀티유즈(One Source Multi Use), 디지털컨버전스(Digital Convergence)를 통하여 문화산물의 가치사슬(value chain)이 다양하게 나타나고 있다.

셋째, 상징체계로서의 문화(A Culture as a Signifying System) 개념이다. 문화는 상징적 의미를 창출하고, 이를 공유화하는 과정과 밀접하게 연관되어 있다. 인간은 동물과 달리 상징을 활용함으로써 대상, 관계, 관념에 대해 가치와 의미를 부여한다. 그리고 상징적 의미를 매개로 상호 작용과 의사소통이 이루어진다. 예술작품이나 문화콘텐츠는 모두 생활체계를 상징적 의미로 재해석해 낸 것이라고 할 수 있다. 따라서 문화산물에는 문화적 정체성과 의미가 담겨 있는 생활세계의 한 표상이라고 할 수 있다.

위에서 살펴보았듯이 문화의 의미를 한 마디로 정의하기는 어렵고 시각, 연구자에 따라 다양하게 정의될 수 있지만, 간단히 정의하면 문화란 "사회의 구성원으로서 개인이 획득하는 지식, 신념, 예술, 도덕, 법률, 관습 등의 총체" 또는 "한 집단을 이루는 사람들의 독특한 생활방식과 생활을 위한 모든 설계"라고 정의된다. 따라서 문화는 사회적으로 학습되고 구성원들에 의해 공유되는 모든 것이며, 비물질적 요소와 물질적 요소를 포함한다.

1.3 문화의 특성

문화의 정의와 연계하여 문화의 중요한 특성을 살펴보면 다음

몇 가지로 제시해 볼 수 있다. 첫째, 문화는 조직화되고 통합된 영향요인으로 작용한다. 둘째, 문화는 집단에 속한 구성원들에 의해 창출된다. 셋째, 문화는 학습된다. 넷째, 문화는 구성원들이 중요시하고 바람직하다고 동의하는 가치를 가짐으로써 독특한 규범을 제공한다. 다섯째, 문화는 사회적으로 공유된다. 여섯째, 문화는 지속적이면서도 동적이다.

Throsby(2001)는 문화재(Cultural Goods)의 특성으로, ① 창작과정에서 창의성이 있다. ② 지적재산권의 형태를 구현하고 있다. ③ 상징적 의미를 전달하고 있다. ④ 경제적 가치뿐만 아니라 문화적 가치를 동시에 지니고 있다고 하였다.

위의 문화와 문화재의 특성을 기반으로 문화의 특성을 크게 4가지로 나누어 살펴볼 수도 있다.

1) 문화는 생태학적 변화를 한다.

즉 문화는 생명을 갖고 있다는 것이다. 모든 문화적 체계는 자연환경의 영향을 받는다. 예를 들어 우리나라를 보더라도 우리 국민들이 의·식·주 등에서 환경조건에 얼마나 잘 적응했는지를 알 수 있다.

2) 문화는 전파된다.

문화전파란 문화의 구성요소인 관습·신앙·도구·기술·설화 등이 한 민족이나 지역에서 다른 민족과 지역에 전해지는 것이다. 어떤 문화요소는 다른 요소에 비해 실용성과 이점이 더 많을 수 있기 때문에 다른 문화로 전파되는 것이다. 한편 문화전파는 사막·산맥·바다(강) 등의 물리적인 장애에 의한 사회문화적 체계의 고립 정도로부터 영향을 받는다. 고고학적인 증거를 통해서 호박이 발트 해 연안에서 지중해 연안으로 전파되었으며, 초기의 금속 화폐가 근동(近東)지방으로부터 북유럽에 전파되었다는 사실이 밝혀졌다. 이 밖에도 담배·옥수수·커피·고구마 등이 세계 도처에 분포해 있는 것은 문화전파의 좋은 사례이다.

3) 문화접변이 이루어진다.

문화접변이란 2개의 상이한 문화가 접촉하는 과정에서 문화요소들이 변화하는 과정을 가리킨다. 여기에는 2가지가 있는데, 이 중 하나인 문화전파는 정치적·군사적 힘이 거의 동등하고 문화의 발전 단계도 비슷한 부족이나 국민 사이에서 일어난다. 이와 달리 문화의 발전수준이라는 측면에서 서로 상이한 두 문화 사이에서 일어나는 문화이식이 있다. 이러한 예로는 근대 유럽의 여러 국가에 의한 정복과 식민지화를 들 수 있다. 이러한 경우에 고도로 발전된 한쪽의 문화는 아직 미발달한 문화에 강제로 유입된다.

19세기 말부터 20세기 초 민족학의 주요 관심사 중 하나는 '서로 멀리 떨어져 있는 지역 간의 문화적인 유사성을 어떻게 설명할 것인가'의 문제였다. 즉 피라미드의 건축, 미라 제작, 태양숭배 등의 여러 관념은 고대 이집트, 안데스 산맥, 유카탄 반도 등에서 상호 독립적으로 발생한 것인지, 아니면 일부 학자들의 주장처럼 이집트에서 발생해 아메리카 대륙으로 전파된 것인지를 놓고 논쟁이 일어났던 것이다. E. B. 타일러나 L. H. 모건 같은 19세기의 고전적 진화론자들은 인간의 정신은 어느 민족에서나 비슷한 진화단계에 있기 때문에 문화도 비슷한 수준으로 발달시킨다고 했다.

한편 엘리엇 스미스 등 '전파설'을 주장하는 학자들은 인간은 본래 발명을 하지 않는 존재이며, 문화는 일단 만들어지면 다른 지역으로 확산되는 경향이 있다고 주장했다. 현재는 일방적으로 한쪽의 주장만을 배격하거나 수용하는 것이 아니라 사례에 따라 각각 견해를 달리하게 되었다. 예를 들어 피라미드는 이집트와 아메리카에서 서로 독립적으로 발전한 것으로 보아야 하는데, 두 지역의 피라미드가 그 구조와 기능에 있어서 현저하게 다르기 때문이다. 이집트의 피라미드는 돌로 만들어졌고 안에 묘를 설치한 데 비해서, 흙으로 만들어진 아메리카의 피라미드는 신전으로 발전하는 토대가 되었다. 그러나 활·화살은 일단 발명된 뒤 차례로 다른 지역에 전파된 것으로 여겨진다. 발화법의 경우에는 그 기원이 매우 오래되었으며, 발화 방식(충격·마찰·압착 등)이 매우 다양하다는 사실 때문에 분명한 결론이 나지 않았다.

4) 문화적 진화가 이루어진다.

문화적 진화란 문화가 지속적으로 단순한 형태에서 복잡한 형태로 발전하는 과정을 말한다. 즉 시간적인 형태의 진화가 이루어지는 것이다. 그림문자는 전파라는 수단만으로는 알파벳 문자 체계를 만들어 낼 수 없다. 인류학자 타일러가 말했듯이 문자는 그림문자·상형문자·알파벳 등 몇 개의 단계를 거쳐 발전했다. 사회조직의 측면에서 볼 때 인간사회는 몇몇 가족으로 구성되는 지역집단에서 씨족이나 그보다 더 큰 집단으로 발전했다. 사회문화적 진화는 생물학적인 진화와 마찬가지로 구조의 분화와 기능의 특수화를 수반한다.

1.4 문화의 요소와 구조

　문화를 성립시키는 요소들은 여러 가지이지만, 기술·가치·사회관계·언어 등 4가지, 또는 여기에 물질(일반적으로 물질문화)을 덧붙여 5가지로 크게 나눌 수 있다. 이러한 요소들은 독자적인 기능과 작용을 가지면서 내부적으로는 서로 보족(補足)·관련할 뿐 아니라, 구조적·기능적으로 통합적인 전체를 이룬다. 즉 기술→경제는 진화와 진보라는 척도로 측정되는 데 대하여, 가치(예술·종교)에는 그러한 척도가 적용되지 않는다.

　또 사회관계(결혼·친족관계·지연적 연결 등)는 기술이나 가치와 깊은 관련을 가지면서도 독자적인 법칙을 가지고 있다. 언어 역시 다른 요소들에 의한 영향을 가장 받기가 어렵다는 성질을 가지면서도 상징화 작용에 의해 문화의 학습과 문화의 전달에 커다란 역할을 수행한다. 그러나 결코 이 요소는 따로따로 있는 것을 자의적으로 끌어 모은 것이 아니다. 따라서 문화는 무기물(無機物)이 아니다. 각 요소가 유기적(有機的)으로 통합되어 하나의 전체를 이루며, 그 전체가 개성을 지닌다.

　이러한 점에서 유기체를 닮았으나, 문화에는 가치라는 면이 있으며, 이것이 통합에 큰 역할을 한다는 것을 생각할 때, A. L. 크로버가 주장하듯이 문화에 초유기성(超有機性)을 인정하지 않을 수 없을 것 같다. 이러한 의미에서 문화를 통합형태(configuration)라 부르며, 개별문화에는 패턴(pattern: 型·類型·範型)이라든지 주제(theme)가 있다고 한다.

이는 지역이나 집단에 따라 특유한 성격을 띠는데, 지역적 분포상으로 보아 비슷한 문화패턴을 지닌 것을 문화영역(Culture Area) 또는 문화권(文化圈: Kulturkreis)이라 부른다. 이러한 패턴 중에서 어느 정도까지 과학적으로 파악할 수 있는 상태에 있는 것이 민족성이나 국민성이며, 그 밖에도 범위를 잡기에 따라 통속적으로 무수한 것을 들 수 있다.

이와 같이 이질성(異質性)·독자성을 전제로 하는 복수(複數)의 패턴은 저마다 장기간에 걸쳐 그 통합성을 유지하며, 좀처럼 변화하지 않는다. 그러나 내부의 여러 문화요소가 지닌 상관적 관련에 어떤 모순이 생기고 확대되면, 그 통합성이 무너져 변화하게 되며 다른 통합형태가 형성된다.

그리하여 민족성과 국민성도 역사의 큰 흐름 속에서는 변모한다. 문화의 패턴이 변하기 어렵다고는 해도, 직접 눈으로 보고 귀로 들을 수 있는 여러 문화요소(顯在的 문화)는, 그 바탕이나 배경에 존재하여 지각(知覺)될 수 없으나 그 문화의 담당자에게는 의식적·무의식적으로 인식되는 여러 문화요소(숨은 문화)에 비하면, 상대적으로 변하기 쉽다. 같은 시기에 이처럼 여러 문화요소 간에 변화의 차가 있을 때, 그 변화가 늦어지는 경우를 문화적 지체(Cultural Lag)라고 한다.

라틴 문화나 이슬람 문화를 보더라도, 정치·경제체제상의 변혁은 있었으나 그 배후에 있는 사람들의 기풍이나 일상생활의 미묘한 측면은 좀처럼 변하지 않는다. 이질적·개별적 문화의 범위를 넘어, 근친상간(近親相姦)의 금지 등이 인류에게 보편적으로 인정되는 것을 보면, 문화는 이질성과 함께 동질성(同質性)도 갖추고 있는 것으로 생각된다.

이 동질성에 대해서는 아직 충분히 구명되지 않았지만, 개별문화가 역사의 과정에서 차례로 붕괴하여도 다른 개별문화가 뒤이어 생겨나는 것은 이러한 동질성이 일정한 역할을 수행하기 때문일 것이다. 이질성만 보면 문화의 상대성이 강조된 나머지 인간성의 존재마저 부정하지 않을 수 없을 것이다[1].

2. 국제기구와 문화협력

2.1 문화협력의 의미와 범위

정치와 경제영역을 제외한 포괄적 개념으로 정서적 유대를 강화하고 신뢰도를 높여 상호간의 심리적 거리를 좁히는 모든 활동을 문화협력활동이라 할 수 있으며, 역사와 철학, 이념을 비롯해 NGO의 활동, 예술, 청소년과 여성 등 인적교류, 스포츠교류, 관광, 교육 및 학술교류, 문화재 보존, 방송미디어 등을 범위로 포함할 수 있다. 구체적인 문화협력활동의 범위를 보면 다음과 같다.

- 역사연구 사업
- 철학과 이념연구 사업
- 문화재 보호와 보존 사업
- 예술 지원 및 교류 사업
- 청소년과 여성교육 지원 사업
- 교육 및 학술교육 지원 사업

---

1) 두산백과사전 EnCyber & EnCyber.com

- NGO의 활동 지원 사업
- 방송미디어 교류 및 지원 사업
- 스포츠교류 지원 사업
- 관광 지원 사업

대표적인 문화협력 분야 국제기구인 국제연합교육과학문화기구 (UNESCO: United Nations Educational, Scientific and Culture Organization)에서는 문화정책, 문화유산, 문화다양성, 문화 간 대화, 문화산업, 문화와 개발, 예술과 창조성, 문화관광 등 좀 더 광범위한 분야에서의 협력사업을 수행하고 있다[2].

UNESCO가 1966년에 선언한 국제문화협력의 원칙은 "문화예술교류 협력은 반드시 모든 문화의 정체성에 대한 존경, 존엄성 및 가치인정, 국가독립과 주권보장, 상호 불간섭의 기반 위에서 이루어져야 하는데, 즉 국가 간 협력관계에서는 모든 형태의 종속이나 지배를 피해야 한다."는 것이다. UNESCO의 문화다양성 국제협약은 조약 체결 당사자의 권리와 의무로서 국제적 차원에서의 문화협력활동을 다음과 같이 명기하고 있다.

1) 개발협력의 틀 안에서의 협력 강화

- 개도국 및 최저개발국 창의성 및 문화생산력 강화 지원
- 지속 가능한 지방·지역 시장의 출현이 가능하도록 협력 강화
- 세계시장 및 유통망에 모든 국가의 폭넓은 접근과 이동성

---

2) http://portal.unesco.org/en/ev.php-URL_ID=15245&URL_DO=DO_TOPIC&URL_SECTION=201.html

보장

- 예술가와 창조자들의 자유로운 이동 촉진
- 문화산업이 민간 부분에 의해 과도하게 조정되지 않도록 함
- 문화적 표현의 다양성 인식 제고를 위한 국가 내 문화교류 정책 장려
- 문화산업과 기업 분야의 노하우와 기술 전달 장려 방안

2) 개발을 위한 협력

- 인적자원 훈련, 정보·경험 교류
- 개도국에 대한 창작품, 문화생산, 창작자 지원
- 개도국의 문화생산 및 유통능력 강화 지원
- 문화산업이 약한 나라의 상품 및 서비스가 강한 나라에 접근방안 강구
- 국제적 기금 설치 등 재정·기술적 지원
- 개도국의 창작자 예술인 우대

3) 개발을 위한 파트너십

- 협약의 목적 달성을 위해 공공, 민간, 비영리조직의 파트너십 강화
- 자문단, 파트너십 기준, 운영방안 등에 대한 제안
- 정부 간 위원회에 원조 신청
- 자문단 추천 및 평가
- 정부위원회 요청 국가와 파트너 확인, 파트너십 협정 체결

2.2 문화협력의 의의

UNESCO의 문화다양성 수호를 위한 문화협력은 인간존중, 표현 및 의사소통의 자유, 접근 및 선택의 자유, 문화의 평등한 존엄성의 원리, 국제적인 공조 및 연대의 원리, 지속적인 확대의 원리, 문화상품에 대한 자유무역의 원리를 지향하고 있다. 이러한 내용들을 종합해 보면, 국제사회에서의 문화협력은 본질적으로 다음의 몇 가지 차원에서 그 의의를 찾을 수 있다.

- 인간 본성: 인권 존중과 표현 및 의사소통의 실현으로서의 문화협력
- 인간 윤리: 평등한 권리이자 그에 대한 의무로서의 문화협력
- 인간의 가치 생성 측면: 공감과 연대의 가치 실현으로서 문화협력
- 인간의 필요 만족 측면: 번영과 풍요의 가치로서의 문화협력

또한 문화협력은 평등한 문화를 누리는 권리이자 나누어야 하는 의무적 행위가 된다. 특히 의무적 행위가 이상적이고 가치 있는 이유는 이러한 협력이 공감과 연대의 가치를 몸소 체험하고 실현하는 활동이기 때문이다.

마지막으로 인간의 문화협력은 경제적 번영의 기초가 되고, 삶의 질을 높이는 풍토의 기초가 된다. 문화협력을 통해서 문화콘텐츠의 질을 높이고 문화산업을 발전시키며, 문화협력을 통해서 서로 다른 고유한 문화들이 교차되고 전파되어 개인들의 삶을 풍성하게 만든다.

2.3 문화협력의 역사

문화협력은 문화적 매개를 통해 국가와 국가, 국적을 가진 시민과 시민이 접촉하도록 한다. 이 접촉점을 통해 쌍방의 문화가 전파된다. 문화전파를 이해하는 방식은 문화협력의 역사를 대변하듯이 다음과 같이 세 가지로 요약된다(장미진 1995).

첫째, 도이치(Karl Deutsch)가 주장하는 문화전파이론에 따르면 인류역사의 발전은 서로 다른 문화가 끊임없이 접촉함으로써 이루어졌다. 특히 문화는 문화중심지역에서 문화주변지역으로 전파됨으로써 발전한다. 따라서 상호 작용이 빈번히 일어나는 지역에서 문화가 발전하는 것은 당연하다. 문화는 물과 같아서, 높은 곳에서 낮은 곳으로 흘러간다는 비가역성을 강조하고 있다. 문화수준이 높은 곳의 문화가 흘러넘쳐서 낮은 지역으로 흘러가 그 지역의 문화수준을 제고시키고 채워 주는 효과라고 할 수 있다.

둘째, 실러(H. Schiller)의 문화제국주의론에 의하면 문화적 교류는 순수한 동기에서 이루어지는 것이 아니다. 순수한 문화인, 문화영역 간의 접촉으로 나타나는 현상도 아니다. 무엇보다도 문화교류는 정치, 경제적 동기에 의해서 성립된다. 즉 문화교류의 주된 원인은 국가 간의 정복관계, 경제적 측면에서의 이익 획득 등을 수월하게 하기 위해 자국의 문화나 가치관을 다른 국가에 직·간접적으로 강요하는 것이다.

셋째, 헌팅턴(Samuel Huntington)은 『문명의 충돌』에서 앞으로 인류의 거대한 분리와 갈등의 주요 원인은 문명이 될 것이고 문명들 간의 분계선이 미래의 분쟁선이 될 것이라고 주장한다. 즉 향후 분쟁의 단초는 종래처럼 이데올로기나 경제가 아니라 문화 혹은 문명체계의 차이라는 것이다. 문화와 문명이 교류된다기보다는 특정 지역의 문화나 문명의 고유성이 생활을 지배하고 그 고유성이 냉전기의 이념만큼 문화권 간의 갈등의 소지로 작용한다고 보았다. 앞의 두 학자가 문화교류의 자연스러운 속성, 혹은 의도적인 속성을 강조한 데 비해 헌팅턴은 문화교류라는 상호적 현상보다 배타적이고 자기정체를 중시하는 문화와 문명이 정치적이고 파괴적인 갈등효소로 작용할 것이라는 관점에 입각해 있기 때문에 문화교류의 성격과 의의에 주목하지 못했다. 이러한 사고방식은 미국이 세계 운영을 주도적으로 하기 위한 전략을 모색하려는 차원에서 경계해야 할 위협적 요소로서 문화와 문명을 다루는 인식의 연장선상에 있다. 헌팅턴은 문화의 벨벳 장막이 이데올로기의 '철의 장막'을 대신하고 있다고 본 것이다.

2.4 문화관련 국제기구의 문화협력성과

기구별 대표적인 문화협력사업의 성과를 보면, UNESCO는 문화다양성협약, 세계문화유산 지정과 관리를 하였다. UNDP는 가난을 벗어나게 하기 위한 개도국 개발이 주목적인데, 그 개발의 대상으로서 관광과 문화행정을 포함하는 등 사업영역이 확장되고 있다. EU는 최근 유럽 시민들의 정서적 공감대와 신뢰 강화 그리고 유럽인으로서의 정체성 형성을 위해 문화협력사업을 'Culture 2000(2006년까지의 사업)'과 같은 장기 플랜에 의해 추진하고 있다. ASEAN도 '동남아 국가연합'이라는 이름에 걸맞게 정치적 정상회의에서 시작했으나 정부장관회의를 거쳐, 2003년 문화장관회의를 신설하였다. 아세안 국가 간의 문화 이해가 중요하다는 인식이 정책에 반영된 것이다. 아세안 TV 뉴스를 제작하는 등 미디어 매체를 활용한 문화협력사업도 전개하고 있다. ASEM의 경우에도 아시아와 유럽의 청소년들이 미래에 아시아와 유럽공동체의 협력을 위한 주역이 되도록 하기 위해 아셈듀오장학사업 등 다양한 교육사업을 수행하고 있다.

<표 1> 정부중심 국제기구의 대표적 문화협력사업

구분	기구	주요 문화협력사업
UN기구	UNESCO	세계문화유산 지정, 문화다양성협약
	UNDP	개도국개발, 동남아 3국 관광정책 전문인력 육성지원 워크숍
	WIPO	지적재산권 관련 협약, 개도국 인적자원과 인프라 개발지원
	WTO	관광 관련 회의, 연수 및 교육, 관광 통계, ST-EP 재단
지역 협력체	EU	유럽 문화도시, 번역지원, EU오케스트라, Culture 2000
	ASEAN	자연유산 공원 선언, 디지털 방송협력, 아세안 TV 뉴스
	APEC	사이버교육협력, 국제청소년캠프, Cultural Focal Point Network
	ASEM	ASEF 청소년교육, 박물관네트워크, ASEM-DUO 장학사업
기능 기구	OECD	교육협력연구, 관광위원회

APEC은 기본적으로 경제협력체이지만, 경제지원적 성격을 가진 IT 테크닉을 개도국에 전수하는 연수 프로그램에는 반드시 문화체험 프로그램을 넣는 등 APEC 내 개도국 소속 교육 연수생들의 문화적 수요를 고려하고 있다. OECD도 '경제개발협력기구'이지만 교육이 경제개발에 미치는 영향을 고려해서 교육위원회를 신설했고, 현재는 다양한 교육 세미나와 포럼을 개최하고 있다. 따라서 경제발전의 원동력 또는 원인으로서 '교육'적 요소를 고려하는 것과 동일한 논리로 가까운 미래에 문화의 경제적·정서적 효과가 주목될 가능성이 높다.

이처럼 문화협력은 정치경제적 의제의 경직성을 해소시켜 주기도 하기 때문에 해당 국제기구가 고유사업으로 문화협력사업을 명기하지 않더라도 어떤 프로그램에서도 활용될 수 있으며, 실제로 활용되고 있다. 대부분의 국제기구에서 정상회의가 열리는 경우 부속 행사로서 문화예술공연이 이루어지는 것은 이미 관행화되어 있다. 이러한 문화적 콘텐츠를 적절히 활용하면 장기적으로 문화협력의 성과를 축적할 수 있을 것이다.

문화전문 민간기구들의 문화협력사업에서는 INCD, CCD가 세계 NGO 총회를 개최하는 등 특정 문화예술적 장르에 국한되지 않고, 종합적으로 모든 문화 NGO들의 문화연대를 목적으로 한 문화기구로서 문화다양성협약이 체결될 수 있도록 사전 연대회의를 개최해 온 점이 높게 평가된다.

그리고 각 부문별 문화전문기구들은 해당 부문별 세계 대회와 사업들을 전개하고 있다. 문화기구 중에서도 관광이나 방송과 같은 수익구조를 가진 기구들은 수익 창출을 관광교역전, 방송스포츠사업 등도 진행하고 있다.

<표 2> 정부중심 국제기구의 대표적 문화협력사업

구분	기구	주요 문화협력사업
문화 종합기구	INCD	연례회의 결과 문화장관회의에 전달, 문화다양성협약
	CCD	문화다양성협약
문학	PEN	세계펜대회, 문학상
연극	ITI	세계연극의 날, 세계무용의 날, 세계모어의 날
도서관	IFLA	세계도서관대회
박물관	ICOM	세계박물관대회, 세계박물관의 날
출판	IPA	총회, 저작권 및 출판관련 정보 제공
방송	ABU	프로그램개발, 스포츠산업
건축	UIA	총회, 미니컨벤션, 워크프로그램
관광	PATA	총회, 관광교역전, 시장조사, 통계, PATA재단

3. 우리나라의 국제문화협력

3.1 국제협력의 목표와 문화협력의 중요성에 대한 인식

모든 정부부처의 조직에 국제협력 관련 부서가 있다. 즉 국제협력업무는 전혀 새로운 것이 아니며, 국제협력업무의 목표는 거의 동일하다. 외교부는 문화협력과 교류를 통해 국가이미지를 제고하고 대외 경쟁력을 향상시키며, 정치경제적 외교를 측면 지원하고, 타 국가와의 우호친선 강화를 지향한다. 문화관광부도 국가 이미지와 경쟁력 향상, 타 문화 이해, 우호협력관계 증진이 목표이며, 교육부도 국가교육의 발전을 도모하고 국가위상 확대를 추구한다. 이러한 국가이익 중심의 국제협력의 목표는 국제기구의 이념이나 목표와 격차가 있다. 평화와 발전과 우호관계를 지향하는 국제기구와의 마찰이 예상되는 지점이다. 그러나 국제기구와 국가의 활동목표는 결코 동일할 수 없다. 국제기구와 국가는 설립근거가 다르고 지향하는 바가 다르기 때문이다. 그리고 모든 국가의 활동목표는 우리와 크게 다르지 않다.

특별히 문화예술위원회는 창조의 기쁨을 공유하고 가치 있는 삶을 누리게 하려는 목표를 가지고 있어 거의 유일하게 국익보다는 시민의 삶의 질과 행복권에 협력사업의 초점을 맞추고 있다.

민간문화단체들 중 KCCD는 문화다양성을 수호할 목적으로 활동하고 있지만, PEN은 우리 작품과 문화를 알리는 것과 세계 각국과 친선을 도모하는 것이 목표의 두 축이다. 방송부문의 KBS는 방송 흐름을 파악하고 현안에 능동적으로 대처할 목적으로 협력을 하고 있어 정보매체로서의 특성이 반영된 목표라는 것을 알 수 있다.

결국 문화협력사업이란 획일적인 특정 기구에 대한 집중투자를 통한 특수효과로서의 국가이익 추구보다는 근본적으로 다양한 매체와 장르의 협력사업들이 지속적으로 자기 목소리를 갖고 움직일 수 있도록 지원하여 문화적 다양성이 유지되고 그 속에서 다양한 문화를 호흡할 수 있는 문화환경을 지향해야 할 것이다. 그리고 이러한 문화협력사업들은 국익, 시민의 사익 등 제한적인 자기중심적 이익만 추구하는 차원이 아니라 문화적 권리를 충분히 향유할 수 없는 빈곤국과 개도국에 대한 지원을 강화해 문화적 소통과 공감에 기여하려는 궁극적인 목적을 지향해야 한다.

3.2 국제기구를 통한 문화협력사업 참여성과

정부부처나 민간기구의 국민에 대한 서비스는 교류와 협력의 경험이나 결실에 의해 질적으로 향상될 수 있기 때문에 국제교육재단이나 국제협력단과 같이 교류나 협력을 전담 목표로 하지 않더라도 협력정책 입안과 집행에 인력과 예산을 투여할 수밖에 없다.

예를 들면, 교육인적자원부나 교육개발원의 OECD 회의 참석과 연구사업 참여를 통해 우리의 교육수준에 대한 재평가가 이루어지고 새로운 선진적인 교육개념들을 도입해 우리의 교육의 질을 높이고 교육체계에 긍정적인 영향을 미치게 된다.

〈표 3〉 정부부처와 산하기관의 국제기구관련 협력사업 성과

구분	주체	주요 사업 실적(2005년 기준)
정부부처	외교통상부	양·다자간사업과 행사, UN, ASEM-DUO, APEC, JPO 파견
	문화관광부	WTO ST-EP 본부 유치, APEC 부대행사
	교육인적자원부	OECD 교육연구, APEC 사이버교육협력
	여성가족부	국제전문여성인력(인턴)양성사업
	문화재청	세계유산등록 추진
산하기관	국제교류재단	문화예술해외교육(국제무용협회 건 등)
	국제협력단	개발원조협력(ASEAN, APEC, OAS, UNESCO)
	문화예술위원회	국제기구관련 문화예술교류 16건 지원
	한국관광공사	관광관련 국제기구 활동
	UNESCO한국위	협약 가입, 신탁기금(세종대왕상, 직지상)
	한국교육개발원	교육협력연구(OECD)
	국제교육진흥원	국제교육협력/연수(국제기구활용 없음)

문화다양성과 함께 세계유산에 대한 관심이 높아지고 있기 때문에 문화재청의 경우, 등록 가능한 유산의 발굴과 등록신청 관련

업무에 비중을 두어야 한다. 또한 등록된 유산뿐 아니라 등록 가
능성이 있는 유산에 대한 대내외 홍보에 힘써야 한다.

문화예술위원회가 국제교류를 목적으로 지원하는 사업 중 국제
기구를 매개로 한 사업은 31개로 총 42개 중 7%에 해당할 정도
로 희소하다. 여기서도 50%만이 선정되어 16개의 사업만 지원되
고 있다. 국제기구를 매체개로 하는 교류사업은 그 파급효과가 크
기 때문에 될 수 있는 한 서류의 미비성 등은 보완작업을 도우면
서라도 교류활동을 할 수 있도록 적극 권장하여야 한다.

다음 표는 민간 국제기구별 한국 본부의 문화협력사업 내용이다.

<표 4> 민간 국제기구별 한국 본부의 문화협력사업 내용

구분	주체	주요 사업 실적
종합문화	KCCD	스크린쿼터제도 유지, 문화다양성선언 등
연극부문	ITI	베세토 연극제, ITI-AP 설치기획
도서관부문	한국도서관협회	2006세계도서관대회 유치, 국제협회 이사 진출
박물관부문	한국박물관협회	2004세계박물관대회, 국제협회 이사 진출
출판부문	대한출판문화협회	2008년 IPA 총회유지, 국제협회 상임이사국 진출
방송부문	KBS, MBC	ABU 이사기관, '87년과 '97년 총회개최
건축부문	한국건축가협회	'02년 이사국, '05년 국제건축단체장 회의

Ⅱ. 문화관련 국제기구 소개 및 정보원

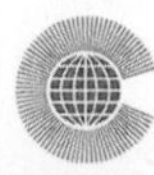

ACARM

Association of Commonwealth Archivists and Records Managers

영연방기록전문가와기록물관리자협회

☐1 기구

1) 소재사항

소재국가	영국
주　소	c/o IRMT, 4th floor, 7 Hatton Garden, London EC1N 8AD UK
전자우편	newsletter@acarm.org
홈페이지	http://www.acarm.org

2) 성격

영연방기록전문가와기록물관리자협회(ACARM)는 영연방 지역의 기록관련 기관, 기록전문가들, 기록물관리자들 간의 링크를 제공하는 매개체 역할을 하는 기관이다.

3) 설립연혁

ACARM은 법률 및 행정 시스템과 관련하여 공동유산과 공동 기록을 실현하는 것이 중요하다는 믿음을 기본으로 하여 영국과 영연방 지역 그리고 그들끼리의 기록공유 및 관련자들의 연결을 제공하기 위해 1984년에 설립되었다. ACARM은 영연방의 기록관련 전문가들 사이의 네트워크를 성립시켜 왔고, 공공행정에서 기록을 유지하는 데 있어서의 문제들을 해결하기 위한 실제적인 전략을 개발해 왔다.

4) 설립목적

① 영연방의 기록전문가와 기록물관리자의 전문가로서 계발 촉진
② 국가유산과 개발 프로그램에서의 기록보존과 기록물의 중요성 강조
③ 영연방 지역에서의 전문적인 기록보존과 기록물관리 교육 및 트레이닝 개발 촉진
④ 공동유산을 비교, 교환, 공유하고 그들의 공동 경험을 발전시키는 기록전문가와 기록물관리자 양성
⑤ 정보의 유포 장려
⑥ 기록보존과 기록물에 관해 교육함으로써 영연방에 대한 더 많은 인식 촉진

5) 조직

① 집행위원회(Executive Committee)

ACARM의 관리부문으로 선거에 의해 선출되는 집행위원회(Executive Committee)가 있다.

② 총회

총회는 기록관련원탁회의국제컨퍼런스(CITRA: International Conference of the Round Table on Archives)가 1년에 한 번 열리고, 기록에 관한 국제의회(International Congress on Archives)가 4년에 한 번 열린다.

6) 회원

ACARM은 총 30개 이상의 국가에 약 백 명의 회원을 두고 있다. 회원은 기관회원(institutional members)과 개인회원(individual members)으로 구분된다. 기관회원의 경우는 국가, 주정부, 지역기관 등에 자격이 주어진다. ACARM은 2007년 현재 영연방 국가들을 회원을 보유하고 있으며, 영연방 국가 외에는 홍콩과 스위스가 가입되어 있다. 회원 국가는 앤티가 바부다(Antigua and Barbuda), 호주(Australia), 바하마(Bhamas), 바베이도스(Barbados), 벨리즈(Belize), 보츠와나(Botswana), 브루나이(Brunei Darussalam), 카메룬(Cameroon), 캐나다(Canada), 케이맨 제도(Cayman Islands), 키프로스(Cyprus), 도미니카(Dominica), 피지(Fiji), 잠비아(The Gambia), 가나(Ghana), 영국(Great Britain), 그레나다(Grenada), 가이아나(Guyana), 인도(India), 자메이카(Jamaica), 케냐(Kenya), 키리바시(Kiribati), 레소토(Lesotho), 말라위(Malawi), 말레이시아(Malaysia), 몰디브(Maldives), 몰타(Malta), 모리셔스(Mauritius), 모잠비크(Mozambique), 나미비아(Namibia), 나우루(Nauru), 뉴질랜드(New Zealand), 나이지리아(Nigeria), 파키스탄(Pakistan), 파푸아뉴기니(Papua New Guinea), 세인트키츠네비스(St Kitts and Nevis), 세인트루시아(St Lucia), 세인트빈센트 그레나딘(St Vincent and the Grenadines), 세이셸(Seychelles), 시에라리온(Sierra Leone), 싱가포르(Singapore), 솔로몬제도(Solomon Islands), 남아프리카(South Africa), 스리랑카(Sri Lanka), 스와질란드(Swaziland), 탄자니아(Tanzania), 통가(Tonga), 트리니다드토바고(Trinidad and Tobago), 투발루(Tuvalu), 우간다(Uganda), 바누아투(Vanuatu), 서사모아(Western Samoa), 잠비아(Zambia), 짐바브웨(Zimbabwe) 등이다.

7) 주요 사업

영연방 국가들은 공통의 역사적 경험과 언어뿐만 아니라 공통의 법률과 행정전통을 가지고 있다. 이를 기본으로 ACARM 회원들은 공동의 전략과 전문적인 문제를 표명하기 위한 통로를 제공한다. 한편 빠른 컴퓨터 기술의 도래와 함께 기록물관리자들과 기록전문가들이 직면하고 있는 문제점은 점점 더 복잡해지고 있다. 따라서 ACARM은 이러한 문제들에 대한 해결방안을 공유토록 해 주는 가치 있는 기구이다.

8) 최신 프로젝트

현재 가장 큰 프로젝트로서, 법률제정이 영연방 국가들의 기록과
기록관에 어떤 영향을 미치고 있는지에 대한 연구가 진행 중이다.

9) 관련 단체

① 영연방(Commonwealth)

ACARM은 영연방 본부에 의해 인정된 영연방 비정부기구
이다. 영연방기금과 함께 총 54개의 회원국들과 함께 영연
방 정부수장회의(CHOGM: Commonwealth Heads of Govern-
ment Meetings)를 개최하여 회원국들의 행정적 시급문제를
파악한다.

② 국제아카이브스협의회(ICA: International Council on Archives)

ACARM은 국제아카이브스협의회와 밀접한 관계에 있으며,
직접적인 링크를 제공하고 있다.

③ 국제기록관리신탁(IRMT: International Records Management
Trust)

ACARM은 대중부문 기록프로젝트 경영에 있어서 IRMT와
협력관계에 있다. IRMT는 개발과 실행을 담당하고 있으며,
ACARM은 네트워킹의 역할을 맡고 있다.

2 정보원

1) 정보원배포정책

'Publications'에서 뉴스레터, 논문, 연간보고서 등을 PDF로 검색·열람할 수 있다.

2) 뉴스레터(Newsletters)

ACARM의 *Newsletter*는 각 호(Issue)에 순차적인 번호를 부가하고 있으며, 2007년 5월 현재 35호에서 38호까지를 홈페이지에 탑재하고 있다. 각 호별로 여러 가지 주제에 대한 글들이 실려 있다. 가장 최근의 37호와 38호의 내용을 보면 다음과 같다.

① 38호(Issue 38)

- *Archival Developments in St. Kitts*
- *Staff of the Bahamas National Archives Visit South Carolina for Training*
- *Launch of Domesday Online*
- *Records Management Situation in the British Virgin Islands*
- *The Dawn of Right to Information on the African Continent*
- *A Vision for the National Archives of Malta*
- *Is InterPARES Relevant to the Global Periphery?*

② 37호(Issue 37)

- *Records Management in Developing Countries: Challenges and Threats*

- *Ten Principles on the Right to Know*
- *Making the Case for Records Management Training*
- *The Continuing Legislation Project – Workshop in St. Kitts 2005*

3) 출판물 및 비정기간행물(Publications/Occasional papers)

- *Guide to the Internet and World Wide Web for Archivists and Records Managers by Louisa Venter(2005)*
- *Conservation and Preservation Activities in Archives and Libraries in Developing Countries: An Advisory Guideline on Policy and Planning by Jonathan Rhys – Lewis(2000)*
- *Archival Legislation for Commonwealth Countries by Dagmar Parer*
- *Commonwealth Sources in British Official Records*
- *West African Sources in British Colonial Office Records*
- *Colonial Related Archive and Manuscript Collections in the UK*
- *A Checklist of Commonwealth Parliamentary Papers*
- *The Management of the Public Record in an Electronic Environment*
- *Records as a Basis for Human Resource Management: Creating an Integrated Paper and Electronic System(P. Cain and L. Millar)*
- *The Management of Public Sector Financial Records: The Implications for Good Government(P. Akotia)*
- *The Implications of Electronic Records(P. Cain and L. Millar)*
- *Costs of the Failure of African Nations to Manage Records Effectively(P. Mazikana)*

AFCI
Association of Film Commissioners International
국제필름커미션연합

① 기구

1) 소재지

주 소	314 N. Main Helena, MT 59601
전 화	406 - 495 - 8040
팩 스	406 - 495 - 8039
전자우편	info@afci.org
홈페이지	http://www.afci.org/about/index.htm

2) 설립연혁

1975년 영화 커미션에 관한 정보의 공유와 발전을 위해 발족
되었다.

3) 설립목적 및 기능

AFCI 회원국 사이의 정보를 공유하고 더 원활한 영화 제작 여
건을 만들어 주기 위해 발족되었으며, 회원 국가들 간의 협조가
긴밀하게 이루어지도록 돕고 있다. 또한 매년 진행되는 'AFCI

Location Trade Show', 'the Cannes Film Festival', 'London Production', 'BIFCOM in Korea'를 후원, 진행하고 있다.

4) 회원국

30개국을 대표하는 300여 명의 필름커미션 관련인들이 참여하고 있다.

5) 한국과의 관계

우리나라는 부산, 경기, 전주, 서울의 각 필름커미션협회가 가입되어 있다.

② 정보원

1) 정보배포정책

필름커미션에 관한 뉴스와 정보를 회원에게는 전자우편으로 발송하며, 대부분의 자료는 PDF 파일로 무료로 볼 수 있다.

2) 정기간행물

- Locations Magazine

  엔터테인먼트 관련 기사와, 촬영장소 관련 기사를 게재한 월간 공식 간행물로 유료로 온라인상에서 구입할 수 있다.
- Global Passport

AFCI 회원국의 회원 협회에 관한 기사를 볼 수 있다.

3) 뉴스 및 보도자료

뉴스 및 보도자료들은 뉴스 섹션에서 무료로 볼 수 있다.

ARMA International

Association of Records Managers and Administrators, International

국제기록관리자및행정가협회

1 기구

1) 소재사항

소재국가	미국
주　소	ARMA International 13725 W. 109th Street, Suite 101 Lenexa, KS 66215 USA
전　화	+1 913 341 3808
팩　스	+1 913 341 3742
전자우편	hq@arma.org
홈페이지	http://www.arma.org

2) 성격

기록관리자및행정협회(ARMA)는 기록 및 기록관리의 비영리전문협회이자 권위 있는 국제기관이다. 또한 국제기록관리기준인 ISO 15489의 중요한 공헌자이기도 하다.

3) 설립연혁

ARMA는 미국과 캐나다를 비롯한 다른 30개 국가의 정부, 법, 의료, 금융서비스 등의 폭넓은 범위의 다양한 활동을 하는 기록관리자(records managers), 기록전문가(archivists)와 같은 전문가들을 대표하는 협회로서 1995년에 설립되었다.

4) 조직

ARMA의 조직은 이사회(Board of Directors)와 집행위원회(Executive Officers)로 구성된다.

5) 회원

- ARMA는 전 세계 30개 이상의 국가에 약 1만여 명의 회원을 두고 있다.
- 미국, 아시아, 호주, 영국, 유럽에서 기록관과 정보 및 기록관리자들의 많은 전문 협회들이 ARMA의 회원으로 등록되어 있다.
- 이들 회원은 정부, 법률, 의료, 금융서비스 분야 등의 전문적인 기록관리자, 기록전문가, 사서, 영상전문가(imaging specialists), 법률전문가, 정보통신관리자, 컨설턴트, 교육자로 구성되어 있다.
- ARMA는 회원에 대하여 기록관리 영역에서 서로를 지원하고 장려하고 도전하고 교육하기 위해 노력한다.
- ARMA의 국제 네트워크와 전문가들은 아이디어와 기술을

서로 공유한다.
- ARMA의 회원이 됨으로써 국제기록 및 정보관리 전문가들과 연결이 되며, 이는 ARMA의 회원이 되려는 주된 이유이기도 하다.
- ARMA를 통해 회원들은 특정 정보 및 기록에 대하여 접근할 수 있다.
- 연간등록을 한 회원들은 ARMA의 정기간행물인 정보경영저널(*Information Management Journal*)을 구독하게 된다.
- 국제적십자(International Red Cross), 세계보건기구(World Health Organization), 유엔난민사무소(UN High Commission for Refugees)와 같은 기구의 일부 자원자들이 ARMA의 회원으로서 자발적으로 전 세계에 전문적인 자문을 제공하고 있다.

6) 주요 사업

ARMA는 다음과 같은 자원과 서비스를 제공하는 데 주력하고 있다.
① 법률과 규정의 업데이트
② 기준 및 우수사례
③ 기술 트렌드 및 적용
④ 웹기반 교육
⑤ 시장뉴스 및 조사
⑥ 기록과 정보관리에 관한 서적 및 비디오 제공
⑦ 1만여 명 이상의 기록 및 정보관리 전문가들의 글로벌 네

트워크 제공

⑧ ARMA에 관한 동영상기록 제공

② 정보원

1) 정보원배포정책

ARMA는 기록과 정보를 일상적으로 관리하는 전문가들을 위해 특화된 유일한 전문 정기간행물인 정보경영저널(*Information Management Jounal*)을 출간하며, 이에 대한 기사색인을 제공하고 있다. ARMA는 또한 기록관리와 관련한 기준과 가이드라인을 개발 및 출간한다. 'Publications'에서 출판물, 정책개요, 보도자료, 보고서 등을 원문으로 제공받아 열람할 수 있다. 'Search IMJ Articles'에서 키워드 검색을 통하여 원하는 기사를 검색할 수 있다.

2) 규정 업데이트(Regulatory Updates)

ARMA는 각국의 주요 기록 및 기록관리 관련 규정에 대한 정책을 실시간으로 업데이트하여 제공하고 있다. 주요 내용은 다음과 같다.

① 워싱턴정책(Washington Policy Brief)

- *SEC Hires Archivist*
- *OMB Publishes New Statistical Data Protection Rules*

- *CMS Testing E-Health Records*
- *VA Issues Data Breach Rule*
- *CFTC Proposes Record Rule*

② 캐나다정책(Canadian Policy Brief)

- *Spectrum Auction Puts Wireless Competition on the Line*
- *Industry Committee Release Counterfeiting and Piracy Report*
- *Canadian Privacy Commissioners Call for Suspension of No-Fly List*
- *CRTC Releases Canadian Television Fund Report*
- *Canada Enacts Legislation to Protect Olympics Marks*

③ 유럽연합정책(EU Policy Brief)

- *Advertisers Beware, Consumers Rule Online*
- *EU Backs Biometrics Visa Database*
- *EU's Secretive Group Faces Scrutiny*
- *UK National Archives Warn of Data Time Bomb*
- *Europe Launches Online Case Law Exchange Service*
- *EU Plans Air Passenger Data Exchange System*
- *Consumer Organisations Concerned about Google Acquisition of DoubleClick*

3) 뉴스와이어(Newswire)

보도자료 관련 목록과 내용을 제공하고 있다.

- *Google Revamps Search Data Retention*
- *Microsoft Office SharePoint Server 2007 Certified*
- *NASCIO Produces Records Management Information Series*
- *Anacomp Enters Litigation Support Market*
- *Insurers Find Role in Mergers and Acquisitions*
- *Iron Mountain Acquires Accutrac*

4) 정기간행물(Journal)

이는 *Information Management Journal*에 대한 정보원으로서 온라인구매신청서를 통해 유료로 구독 신청해야 한다. 구입 후 30일 이내에는 온라인상에서 PDF로 전자파일을 다운받을 수 있도록 되어 있으며, 최근의 대표적인 기사는 다음과 같다.

- *A National Response to ISO 15489: A Case Study of the Jamaican Experience*
- *A Records Management Program that Works for Archives*
- *Archivist's View: NARA Enters New "ERA" of Electronic Records Management*
- *Controlling the Risks of Content Publication*
- *Digital Archiving in the Pharmaceutical Industry*
- *Information Security Management Best Practice Based on ISO/IEC 17799*
- *Integrating Archives, Records, and Research*
- *Managing Business Records and Archives at the Getty Center*

- *Records Management and Archives: Finding Common Ground*
- *Records Managers in the Global Business Environment*
- *Standards: Building Blocks for a Strong RIM Program*
- *The Impact of the USA PATRIOT Act on Records Management*
- *The Why and How of International Records Retention*
- *Congress Assesses Data Security Proposals*
- *Dealing With Disaster*
- *New Rules for E-Discovery*

ARMS

UN Archives and Records Management Section

유엔기록관리부

① 기구

1) 소재사항

소재국가　미국

주　　소　ARMS FF-109, United Nations, New York, NY 10017 USA

팩　　스　+1 212 963 4414

전자우편　arms@un.org

홈페이지　http://archives.un.org/unarms

2) 성격

유엔기록관리부(ARMS)는 유엔(United Nations)과 국제평화 유지의 역사적 연구를 위한 방대하고 다양한 정보를 제공하는 기구이다.

3) 설립목적

① 유엔 사업이 올바르게 문서화되도록 한다.

② 기록들이 효과적이고 효율적으로 관리되도록 한다.

③ 유엔기록을 개발, 보존, 이용 가능토록 한다.

4) 사명

유엔뿐 아니라 대중이 문서화한 유엔의 역사적 기록을 용이하게 접근토록 하고, 만족할 수 있고 믿을 수 있는 기록을 유지하기 위한 지원을 제공한다.

5) 주요 업무

- ARMS는 유엔 기록관으로서의 가치 있는 기록을 유지 및 보존할 수 있도록 유엔 사무소의 기록관리를 통한 유엔 문서보존, 유엔직원들의 임무 기록화 평가방법 등의 모든 관련 사항을 담당한다.
- ARMS는 다양한 서비스와 자원을 통해 유엔기록에 관한 직접적인 지원 및 지침을 제공한다.
- ARMS는 뉴욕뿐 아니라 유엔의 다른 사무소들의 장서, 참고정보원, 보존 등과 관련한 기록관리 관련 모범사례 정보를 제공한다.
- ARMS는 뉴욕뿐 아니라 세계의 다방면의 기록관리 서비스를 제공한다.
- 기록관리에 있어서 정보 구성, 조회 방법, 유지 등에 관한 최상의 노하우를 제공한다.

6) 프로젝트

ARMS는 유엔 내에서 다음의 세 가지 기록관련 프로젝트를 진행 중이다.

① 유엔기록및기록관리실무그룹(WGARM: United Nations Working Group on Archives and Records Management)

- WGARM은 유엔 시스템 전반을 통해 정보를 공유하고 협조함으로써 기록 및 기록보존 관리 프로그램을 개발 및 장려하는 데 그 목적이 있다.
- WGARM은 정보관리 노력의 일환으로서 문서보존(record keeping) 및 기록관이 갖추어야 할 정보 및 정보기술에 관한 기준을 준수한다.
- WGARM은 1997년 사무총장의 개혁 이니셔티브(Initiative) 이후로 활발히 진행되고 있다.
- 최근에는 'Common Services Task Force'에 의해 지원을 받고 있다.
- 본 프로젝트의 회원은 뉴욕 유엔본부, UNICEF, 유엔프로젝트담당사무소, UNDP, 유엔인구활동기금(UNFPA: UN Fund for Population Activities) 등의 대표들이다.
- WGARM은 기록평가(보유정책)와 디지털기록 개발을 위한 전략적 계획에 관한 프로젝트를 수행해 오고 있다.

② 유엔기업콘텐츠관리프로젝트(ECM: United Nations Enterprise Content Management Project)

- 유엔본부는 현재 모든 종류의 정보를 위한 단일적이고 통합된, 그러면서도 안전하고 종합적인 시스템을 통한 지식공유 및 정보관리 지원을 위한 기업콘텐츠관리시스템 구축을 계획 중이다.
- 상술의 시스템은 전자문서 관리, 작업흐름(workflow), 웹콘텐츠 관리, 웹포털, 기록 및 기록관리, 디지털 자산 관리 및 협동기능(collaboration functionalities)을 제공할 예정이다.
- ARMS는 이 새로운 시스템이 문서보존(recordkeeping)의 모범사례가 되고 유엔에 합당하도록 하기 위해 문서보존 전문가를 배치하고 있다.
- ARMS는 적당한 유지스케줄 및 기능중심의 분류법의 개발을 감독할 예정이다.

③ 개혁: 유엔정보로의향상된접근프로젝트(Reform: Improved Access to United Nations Information)

- 2006년 유엔사무총장의 개혁보고서 개요에 의하면 책임 및 투명성에 관한 모범사례에 따른 행정적 프로세스에 적합한 실행계획을 포함하고 있다.
- 상술의 계획과 ARMS와 직접적으로 관련된 사항으로는 유엔정보로의 향상된 접근이다.
- ARMS는 접근제고를 위하여 유엔기록으로의 접근에 관한 현 정책 평가, 안전한 분류법 적용, 실행에 대한 평가, 유엔본부의 정보개방에 대한 실행요건 평가 등을 실행하고 있다.

2 정보원

1) 정보원배포정책

'Search Archives Database'에서 유엔의 모든 문서를 검색할
수 있다. 대표적인 리스트를 제공하고 있지는 않지만, 기본탐색
(Basic Search)과 심층탐색(Advanced Search)을 통해 원하는
정보를 검색할 수 있다. 'Photo Gallery'를 통해서 유엔의 구호
활동과 관련한 각국의 영상기록을 열람할 수 있다. 'UN Records'
에서는 ARMS와 관련한 지침서나 사용자 등록 등의 문서를 다
운로드할 수 있다.

2) 유엔 문서관련 규정이나 안내서

유엔의 문서관련 규정이나 안내서의 대표적인 예는 다음과 같다.
- *UN Recordkeeping Elearning Programme*
- *UN Recordkeeping Toolkit for Peacekeeping Operations*
- *UN Recordkeeping Taxonomy*
- *UN Retention Schedules*
- *PORS(Peacekeeping Operations Retention Schedule)*
- *Retention Schedules by Department Excluding Peacekeeping Operations*
- *Retention Schedules by Subject*
- *UN Recordkeeping Policies & Standards*
- *UN Glossary of Recordkeeping Terms*

BIE

Bureau of International Exposition

국제박람회기구

① 기구

1) 소재지

주　　소	Bureau International des Expositions34, Avenue d'InaParis 75116 − 5, France
전　　화	+33(0) 1 45 00 38 63
팩　　스	+33(0) 1 45 00 96 1
전자우편	info@bie − paris.org
홈페이지	http://www.bie − paris.org/main/index.php?p = 202

2) 설립연혁

1851년 런던에서 제1회 박람회가 개최된 이후 박람회 개최를
희망하는 국가들이 증가하고 박람회가 자주 개최되면서 주최국
과 참가국 간의 갈등 등 문제점들이 노출되기 시작하였다. 이
에 따라 이러한 문제점들을 조정해 줄 수 있는 국제기구의 필
요성이 제기되었고, 세계박람회를 유치하기 위한 과열 경쟁, 빈
번한 개최로 말미암은 행사 자체의 권위 실추 등의 폐해를 방

지하기 위해 1928년 프랑스를 중심으로 31개국 대표들이 협약을 맺고 파리에 국제박람회기구(BIE)가 설치되었다.

3) 설립목적 및 기능

BIE는 주최국 결정, 주최국과 참가국 사이의 의무와 권리규정 및 갈등조정, 개최횟수 규제 등 만국박람회를 통괄, 관장하는 국제기구로 활약하며 오늘에 이르고 있다. BIE(세계박람회기구)의 세계박람회(EXPO) 공인절차는 다음과 같다.

① EXPO를 개최하고자 하는 국가가 개최 예정일로부터 5~9년 전에 중앙정부차원에서 공식 유치 신청

② BIE는 최초 유치 신청국 신청서 접수 후 6개월간 공시한 후 회원국에 개최의사를 묻고 유치신청을 마감

③ BIE는 공시 후 즉시 현지조사단을 구성하여 유치 신청국에 대하여 현지조사 실시

④ 이후 집행위원회에서 현지조사결과를 총회에 보고하고 회원국 비밀투표로 결정

4) 회원국

2002년 12월 현재 89개 회원국이 가입되어 있다.

5) 한국과의 관계

우리나라는 1987년에 가입해, 현재 여수국제박람회를 유치했고, 1995년 대전국제박람회를 개최한 바 있다.

② 정보원

1) 정보배포정책

EXPO 개최지 선정 과정, 개최 결과 등을 열람할 수 있으며, 대부분의 PDF자료는 인터넷을 통해 무료로 열람할 수 있으나 일부는 도서관에서의 이용만을 허락하고 있다. 도서관 이용은 예약제로만 시행되며 예약은 전화(+33 1 45 00 38 63) 또는 전자우편(bie@bie-paris.org)으로 가능하다.

2) 정기간행물

- *Progression*
  연 4회 발간되는 공식 정기간행물로서 무료로 열람할 수 있으며, 프랑스어 지원이 가능하다.

3) 뉴스 및 보도자료

1996년도 뉴스부터 'Bulletan' 섹션에서 검색·열람할 수 있다.

4) 회의기록문

- *EXPO 2005 AICHI Press Conference-Paris, 24th January 2005*
- *Commissioners General Meeting(2004)*
- *Working Session at Shanghai(2004)*

DOCOMOMO

Documentation and Conservation of Buildings, Sites and
Neighborhoods of the Modern Movement
근대운동에관한건물과환경형성의기록 · 조사및보존을위한조직

① 기구

1) 소재지

주　　소	Cité de l'architecture et du patrimoine Palais de Chaillot 1, place du Trocadéro 75016 Paris | France
전　　화	+33(0)1 58 51 52 65
팩　　스	+33(0) 1 58 51 52 20
전자우편	docomomo@citechaillot.org
홈페이지	http://www.archi.fr/DOCOMOMO/index.htm

2) 설립연혁

근대운동에관한건물과환경형성의기록 · 조사및보존을위한조직
(DOCOMOMO)은 1990년 네덜란드 에인트호번 공과대학에서
열린 국제회의를 계기로 발족하였다. 본부는 원래 네덜란드 델
프트공과대학에 있었으나, 2002년 프랑스 파리의 건축박물관으
로 옮겼다.

3) 설립목적

설립 당시의 회의에서 채택된 '에인트호번 선언'의 정신에 따라 운영되며, 20세기의 주요 흐름 가운데 하나였던 근대운동에 속하는 건축과 도시를 대상으로 건물과 자료의 보존을 제창하고, 이에 대한 연구를 목적으로 창설되었다. 국제회의는 2년마다 열린다.

4) 회원국

아르헨티나를 포함한 48개국이 회원이며, 개인회원 또한 2,000명이 넘는다.

5) 한국과의 관계

한국에서도 근대문화유산에 대해 유럽·미국·일본·동남아시아 등과 연계하고, 모든 문화계 인사들과 뜻을 모아 사라져 가는 근대문화유산을 보존·기록하기 위해 2003년 5월 2일 한국지부인 도코모 코리아가 발족하였다. 9개 국내 지회와 미국지회를 두고 있으며, 건축 문화유산과 관련된 전시회·심포지엄·워크숍 등을 개최한다. 사무국은 대전광역시 서구 도안동(道安洞) 목원대학교 안에 있다.

② 정보원

1) 정보배포정책

뉴스 섹션을 통해 뉴스는 무료로 열람할 수 있으나, 단행본은
유료이며, 홈페이지 내에서 주문할 수 있다.

2) 소식 및 행사

- First International Conference(Eindhoven, 1990)
- Second International Conference(Dessau, September 16 –
  19, 1992)

3) 정기간행물

- **DOCOMOMO Journal**
  일 년에 두 번 간행되는 정기간행물로 건축가와 건축사 그리
  고 건축 관련 기술, 뉴스, 일러스트의 최신경향이 수록되어
  있으며, 가입 시 전자우편 또는 정규메일로 받아 볼 수 있다.

4) 도서 목록

- **The Modern Movement in Architecture(2000, ISBN
  9064504059)**
- **Back from Utopia, the Challenge of the Modern Move-
  ment(2002, ISBN 9064504830)**
- **Béton Armé, Expérimentation, Création, Réhabilitation**

- *Claudio Greco, Juan Maria Cardoni et Wessel de Jonge, Bruno Reichlin*
- *Docomomo, Paris(French)(2003, ISBN: 2-9519819-1-0)*

EBLIDA

European Bureau of Library, Information and Documentation
Associations

도서관 · 정보 · 도큐멘테이션협회유럽지부

1 기구

1) 소재사항

소재국가   네덜란드
주   소   PO Box 16359, NL－2500 BJ The Hague The
Netherlands
전   화   ＋31 70 309 05 51
팩   스   ＋31 70 309 05 58
전자우편   eblida@debibliotheken.nl
홈페이지   http://www.eblida.org

2) 성격

도서관 · 정보 · 도큐멘테이션협회유럽지부(EBLIDA)는 유럽의 국
가도서관, 정보, 도큐멘테이션, 그리고 기록관협회 및 기관들의
연합구조의 성격을 갖는 독립적인 협회이다. EBLIDA는 국제
비정부협회로서 도서관 및 정보과학 직업의 관심사를 중심으로

활동한다.

3) 설립연혁

EBLIDA는 네덜란드협회법(Dutch Association Law)에 의거하여 1992년 6월 13일에 설립되었으며, 네덜란드 헤이그에 자리하고 있다.

4) 설립목적

① 회원들 간의 공통 관심사와 관련된 문제에 관하여 상담 제공
② 회원과 다른 관련자들 간의 커뮤니케이션 채널로서 활동
③ 유럽과 관련된 도서관 및 정보과학 직업의 대표자로서 활동
④ 유럽 내 도서관 및 정보과학 직업, 그리고 관련 기관 및 전문활동가들의 관심 촉진

5) 사명

EBLIDA는 모든 사람이 정보사회의 이점을 누리도록 보장하기 위하여 다음과 같은 사명을 수행한다.

① 본국인 네덜란드와 유럽 전역의 도서관 및 정보와 관련한 법률 및 행정관련 문제에 활발히 참여
② 평생학습을 포함한 공식적이거나 비공식적인 모든 단계에서의 교육 지원
③ 접근 가능한 문화 및 문화다양성 조성 및 보존 보장
④ 오픈액세스(Open Access) 및 기관리포지터리(Institutional

Repositories) 영역의 과학적이고 기술적인 개발 지원

6) 조직

EBLIDA의 운영조직은 협의회(Council)와 운영본부(Secretariat), 그리고 세 종류의 위원회(Commottee)로 구성되어 있다. 그중 위원회는 다음과 같다.
- 집행위원회(Executive Committee)
- 상임위원회(Standing Committees)
- 임시위원회(Ad hoc Committees)

7) 회원

EBLIDA의 회원은 크게 정회원(full member)과 준회원 (associate member)으로 나뉜다. 회원의 구성과 투표권은 다음 과 같다.
① 구성: 정회원은 유럽연합(EU: European Union) 회원 국가 의 도서관관련 전문협회들로 구성되고, 준회원은 유럽연합 회원국이 아닌 유럽 내 국가들의 관련 기구들로 구성된다.
② 투표권: 정회원은 협의회의 투표권이 있으며, 준회원은 투표 권은 없으나 협의회에 참석할 수는 있다.

8) 주요 사업

① EBLIDA 회원들의 의견을 유럽위원회(European Commission) 와 유럽의회(European Parliament) 그리고 유럽커뮤니티의

기구들에 전달 및 커뮤니케이션 담당

② EBLIDA의 목적과 관련된 모든 정보 수집 및 회원들에게 정보 제공

③ EBLIDA의 운영조직과 회원들 간의 상담 및 토론을 위한 효과적인 커뮤니케이션 과정 수립 및 유지

④ 유럽기관들로부터 질문 등이 요청되었을 때 적절히 답변

⑤ 공동의 관심사에 대해 비정부기구와 관련 기구 및 정부와의 협력

⑥ 그 외에 EBLIDA의 목적에 부합하는 합법적인 활동

② 정보원

1) 정보원배포정책

'Document Archive'에서 보도자료 및 논문 그리고 보고서와 같은 정보를 열람할 수 있다. 'Publications'을 통해서는 EBLIDA의 출판물이 검색 가능하며, 홈페이지상에서 총회보고서(Annual Report) 및 전략보고서를 열람할 수 있다. 모든 자료는 무료로 원문열람이 가능하다.

2) 보도자료

'EBLIDA News'와 'Press Releases'로 구분되어 있다.

① 보도자료(EBLIDA News)

1998년부터의 협회관련 보도자료를 월별로 정리하여 정보를 제공한다.

② 성명서(Press Releases)

다음과 같은 정보가 제공된다.

- ***EBLIDA Elects New President for 2007~2009, May 2007***
- ***EBLIDA Elects New Executive Committee 2007~2009***
- ***Press Release 25. October 2006***
- ***Press Release 27. March 2006***
- ***Press Release 16. January 2005***

3) 제안서(Position Paper)

2007년 8월 다음과 같은 분야의 제안서가 제공되고 있다.

① 지식재산권 및 저작권(IPR & Copyright)

1993년부터 2005년까지의 관련 자료를 제공하고 있다.

② 무역과 도서관(Trade and Libraries)

2002년부터 2003년까지의 관련 자료를 제공하고 있다.

③ 전문교육(Professional Education)

④ 평생학습(Life Long Learning)

2001년까지의 관련 자료를 제공하고 있다.

⑤ 그 밖의 다른 관련 부문

1994년부터 2005년까지의 자료를 제공하고 있다.

4) 집행위원회(Executive Committee) 보고서

2000년 5월 스페인 마드리드(Madrid)에서부터 2007년 3월 포
르투갈의 코임브라(Coimbra)에서 개최된 집행위원회의 회의보
고서가 홈페이지에 탑재되어 있다.

5) 협의회(Council) 보고서

2002년 5월 네덜란드 헤이그(Hague)에서부터 2005년 5월 아일
랜드의 콕(Cork)에서 개최된 협의회 회의보고서가 홈페이지에
탑재되어 있다.

6) 출판물(Publications)

• *Licensing Digital Resources: How to Avoid the Legal Pitfalls* european cultural foundation

ECF
European Cultural Foundation
유럽문화재단

1 기구

1) 소재지

주　　소	European Cultural Foundation(ECF) Jan van Goyenkade 5 1075 HN Amsterdam The Nether-lands
전　　화	+31(0)20 573 38 68
팩　　스	+31(0)20 675 22 31
전자우편	eurocult@eurocult.org
홈페이지	http://www.eurocult.org

2) 설립연혁

유럽문화재단(ECF)은 1954년 스위스 철학자 'Denis de Rougemont'에 의해 발족되었다. 단체의 중추적인 역할은 문화적인 협력과 예술적인 활동의 영역을 넓혀 유럽의 통합을 실현하기 위함이다. 오십 년이 지난 후 문화의 중요성은 더욱더 커지게 되었다. 1954년 이후부터는 암스테르담에 본부를 두어 활동하기 시작하였다.

3) 설립목적 및 기능

ECF는 경험의 다양성이 더욱더 삶을 풍부하게 해주며, 문화의 이해가 상호간의 관계와 존중을 도모할 수 있음을 이해하고, 문화적인 유대와 유럽의 문화정책의 옹호를 주도하기 위해 설립되었다. ECF는 새로운 문화적인 경험과 미디어활동을 통해 예술인과 단체를 돕고 있으며, 테마에 따라 연간 계획을 수립하여 진행하고, 다양한 출판활동 및 Street Lab Festival, Cultural Forum for Europe, Summer Course 등의 행사를 주관하고 있다.

4) 회원국

영국, 프랑스, 아일랜드, 사이프러스, 독일, 크로아티아 등 EU 지역의 50개국이 회원국이다.

② 정보원

1) 정보배포정책

정보는 각 주제에 따라 분류되어 있으며, Balkan, Capacity Development, Culture & Economy, Cultural Memory, Cultural Policies, Diversity, Funding, General, Media-Journalism,

Mobility 등의 주제로 연구 간행물들이 나누어지며, PDF 파일
을 통해 무료로 열람할 수 있다.

2) 정기간행물

- ***The EU - Insider***

  한 달에 한 번 간행되는 뉴스레터이면서, 회원국들의 행사와
  문화관련 뉴스를 싣고 있으며, PDF 파일로 지원하고 있다.

3) 연구

① Balkan

- ***The Heart of the Matter - The Role of the Arts and Culture in the Balkans 'European Integration', (2006)***

② Capacity Development

- ***Visions of Cultural Policy in the Kaliningrad Region***

③ Culture & Economy

- ***CREATIVE SECTOR***

④ Cultural Memory

- ***Artistic Explorations in Cultural Memory***

⑤ Cultural Policies

- ***Cultural Cooperation in a Wider Europe***

- *Cultural Inventory*
- *A Cultural Component as an Integral Part of the EU's Foreign Policy?*
- *On the Road to a Cultural Policy for Europe*
- *Culture - A Sound Investment in Europe*
- *Europe as a Cultural Project*

⑥ Diversity

- *Why We Need European Cultural Policies*
- *Embracing Cultural Diversities When Promoting European Citizenship and Shared Values*

⑦ Funding

- *Funding Opportunities for International Cultural Cooperation in and with South East Europe(2005)*

⑧ General

- *'The ECF 50 years - 1954 - 2004', Downlaod the Booklet Here*
- *Annual Report 2006*
- *Annual Report 2005*

⑨ Media - Journalism

- *ZONA* - 동유럽 국가의 저널리즘에 관한 책

⑩ Mobility

- *The European Community Year of Workers' Mobility/Towards a European Labour Market: 'Perception of Cultural Labour Mobility by Mobility Funds in Europe'*
- *Concrete Actions for Mobility on the Culture Sector*
- *Recommendations for Mobility of the Cultural Sector*
- *Implementing the Work Plan on European Cooperation in the Field of Culture: European Added*
- *Value and Mobility of Persons and Circulation of Works in the Cultural Sector, European Council Resolution of 19 December 2002*

EFAH

European Forum for Arts and Heritage
유럽예술유산포럼

1 기구

1) 소재지

주　　소　　10, rue de la Science, 1000 – Bruxelles
전　　화　　+32(0) 2 534 4002
팩　　스　　+32(0) 2 534 1150
전자우편　　efah@efah.org
홈페이지　　http://www.efah.org

2) 설립연혁

유럽예술유산포럼(EFAH)은 1992년 유럽 국가들의 문화적인
연대와 유럽 예술가들의 권익을 위해 발족하였다.

3) 설립목적 및 기능

EFAH는 문화관련 정보 제공과 유럽 문화 발전을 위한 기금
조성, 유럽의 문화적 중심지로서의 역할에 따라 의견을 수렴하

고 활발한 교류를 위한 네트워크 구축 등 여러 가지 사업을 하고 있다.

4) 회원국

EU 25개 국가들과 5,000여 개의 단체가 가입하여 활동하고 있다.

5) 한국과의 관계

한국은 2008년 현재 회원국이 아니다.

② 정보원

1) 정기간행물

*EU Insider*는 정기적인 EFAH 간행물로서 연 4회 발행되며, EU 국가들 내에서의 문화정책의 변화, 결정, 다양한 문화사업 안내, 세계문화계 동향 등을 사설을 통해 볼 수 있다. 2007년 자료부터 온라인을 통해 PDF 파일로 읽을 수 있으며, 이메일 회원가입 시 전자우편으로 받아 볼 수 있다.

2) 뉴스 및 보도자료

'Newsletter' 섹션에서 최신 뉴스를 읽을 수 있으며, 회의 일정, 회의 결과 등을 PDF 파일로 읽어 볼 수 있다. 전자우편 회원가입 시, 무료로 뉴스레터를 받아 볼 수 있다.

3) 회의기록문

2005년 회의 자료부터 'Document Library' 섹션에서 PDF 파일로 무료로 열람할 수 있다.

4) 연구

- *Civil Society Platform for Intercultural Dialogue(2007)*
- *Communication on an European Agenda for Culture in a Globalising World(2007)*
- *Open Method of Coordination(2007)*
- *Communication on Culture(2007)*
- *Progress on Communication(2007)*
- *Hearing on "Culture: A Sound Investment for the EU"(2006)*
- *Online Consultation－EFAH's Submission(2006)*

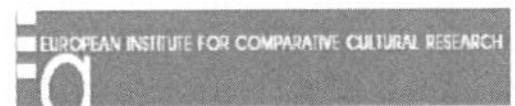

ERICarts

European Institute for Comparative Cultural Research

유럽문화연구재단

☐ 기구

1) 소재지

주 소	Dahlmannstr. 26, 53113 Bonn Germany
전 화	+49 228 242 0996/7
팩 스	+49 228 241 318
전자우편	webmail01@ericarts.org
홈페이지	http://www.ericarts.org/web/index.php

2) 설립연혁

1975년 헬싱키에서 ECDB(European Cultural Data Bank)로 발
족하여 2001년 스웨덴에서 열린 EU 컨퍼런스 'Creative Europe'
에서 ERICarts로 명칭을 바꿔 유럽지역의 문화관련 정책 발전
을 도모하고 있다.

3) 설립목적 및 기능

유럽문화연구재단(ERICarts)은 유럽의 문화정책과 연구관련 정

책의 감시, 협조를 회원국 40개국에서 시행하고 있다. 연구는
유럽 각 지역에서 이루어지고 있으며, 그 지역의 관료 및 정부
와의 끊임없는 의사소통으로 이루어지고 있다. 본부는 독일 본
에 위치하고 있다.

4) 회원국

유럽 연합의 40개국의 나라들이 회원으로 활동하고 있다.

5) 한국과의 관계

한국은 2008년 현재 회원국이 아니다.

② 정보원

1) 정보배포정책

단행본, 연구 문서들은 온라인상에서는 볼 수 없으나, 간략한
초록이 나와 있으며, 원본을 원할 시에는 전자우편으로 문의
해야 한다. *Compendium Newsletter*'는 홈페이지(http://www.-
culturalpolicies.net/)에서 따로 볼 수 있으며, PDF 파일을 무료
로 이용할 수 있다.

2) 정기간행물

• *Compendium Newsletter*

ERICarts가 발행하는 유럽 문화정책에 관한 뉴스레터이다. 최
신 유럽 문화정책의 동향을 싣고 있으며, 회원 40개국의 문화
정책을 한눈에 볼 수 있다. 이메일 회원가입 시에는 무료로
이메일을 받아 볼 수 있다.

3) 단행본

- *Handbook of Cultural Affairs in Europe,* 3rd Edition(2000)
- *Women and Cultural Policies*(1998)

4) 연구

- *Pyramid or Pillars: Unveiling the Status of Women in Arts and Media Professions in Europe*(2000)
- *All Talents Count: A Pilot Study on National Cultural Policies and Measures Supporting Cultural Diversity(2001)*
- *Artists' Rights in a European Cultural Space(2005)*
- *Compendium of Cultural Policies and Trends in Europe (2007)*
- *Creative Artists, Market Developments and State Policies in Europe(2001)*
- *Creative Europe: On the Governance and Management of Artistic Creativity in Europe(2002)*
- *Culture－Biz: Locating Women as Film and Book Publishing Professionals in Europe(2005)*
- *Culture－Gates: Exposing Professional Gate－keeping Processes*

in Music and New Media Arts(2003)

- *Making the Information Society Work for Culture: National Cultural Policy Objectives and Measures in 8 Countries (2001)*
- *Monitoring Cultural Policy, Co-operation and Diversity: Resources, Independent Bodies and Networks(2004)*
- *North South Conference on Cultural Research and Development (1999)*
- *Reconstructing Cultural Productivity in the Region of South East Europe(1999)*
- *Status of Artists in Europe(2006)*

FIAPF
International Federation of Film Producers Association
세계영화제작자연맹

① 기구

1) 소재지

주   소   9, rue de l'Echelle 75001 Paris
전   화   33(0) 1 44 77 97 50
팩   스   00 33 1 44 77 97 55
전자우편   info@fiapf.org
홈페이지   http://www.fiapf.org/default.asp

2) 설립연혁

세계영화제작자연맹(FIAPF)은 1933년 당시 영화제작을 이끌어 나가는 31개국의 영화 제작사 대표들을 중심으로 발족하였다.

3) 설립목적 및 기능

FIAPF은 유일한 영화, TV 제작자들의 국제적인 교류의 장으로서 경제적이고 법적인 규율을 정하고 관리하는, 영화제작자의 권리와 이익을 보호해 주는 기구이다.

4) 회원국

전 세계 25개국, 31개의 제작사가 회원이다.

5) 한국과의 관계

우리나라는 회원국으로서 FIAPF에서 공인한 영화제는 부산국제 영화제이며, 이 영화제는 1996년부터 매년 가을에 개최되고 있다.

② 정보원

1) 정보배포정책

뉴스와 정기간행물은 회원가입 없이 PDF 파일로 무료로 다운 로드할 수 있으나, 일부 법안에 관련된 내용들은 별도의 회원 가입을 한 후 열람할 수 있다.

2) 정기간행물

- ***FIAPF - AT - A - GLANCE***

  연 4회 발간되는 정기간행물로서 영화 제작의 최신 정보와 영화제, 영화 제작관련 법, 저작권 관련 이슈에 대해서 싣고 있으며, 2004년 자료부터는 인터넷으로 검색이 가능하다.

3) 저작권 보호 관련 리포트

- *DRM - FIAPF Comments on European Commission's High Level Group Report*
- *Digital Rights Management*
- *FIAPF Members' Briefing*
- *FIAPF's Technology Statement July 03*

4) 공식 발표 자료

- *FIAPF's Oral Statement, October 03*
- *FIAPF Template Letter to Governments*
- *FIAPF Members' Briefing November 03*

5) 유럽관련 법안 자료

- *FIAPF on Collective Rights Management*(2004)
- *European Filmarchive - FIAPF Position*(2004)
- *EU Commission and National Film Funds*(2004)
- *Cable and Satellite*(2002)
- *Copyright Directive*(2002)
- *Enforcement Directive*(2002)
- *TWF Directive*(2003)
- *Distribution Measures*(2003)
- *MEDIA* (2000)
- *Lower VAT Pdf files'*(2000)
- *Collective Management*(2000)

- *Customs Regulations*(2000)

6) 아시아 관련 자료

- *Copyright and Content Protection Measures in Japan, India, China*

7) 미국관련 법안 자료

- *IBERMEDIA*
- *Copyright and Content Protection in Argentina*

IAMIC

International Association of Music Information Centers
국제음악정보센터협회

1 기구

1) 소재사항

소재국가	벨기에
주 소	Steenstraat 25, BE-1000 Brussels Belgium
전 화	+32 2 504 90 90
팩 스	+32 2 502 81 03
전자우편	iamic@iamic.net
홈페이지	http://www.iamic.net

2) 성격

국제음악정보센터협회(IAMIC)는 동시대의 음악을 장려하고 기록화하는 기구들의 국제적인 네트워크기구이다. IAMIC는 회원국가의 음악활동을 중요시하는 동시에 집합적 프로젝트에 관한 국제교류를 촉진시키는 역할을 한다. 한편, IAMIC는 유네스코의 국제음악위원회(International Music Council)의 회원이다.

3) 설립목적

① 회원에 의해 제공된 정보, 자료, 제작물 이용 장려
② 회원들의 음악에 관한 행위, 방송, 보급 활동 장려
③ 회원들 간의 아이디어와 경험, 그리고 기술 교환 장려
④ 각 회원들에게 다양한 음악관련 서비스 제공
⑤ 더 큰 국제 음악 환경에서의 활발한 역할 수행 장려
⑥ IAMIC에 관한 인식 증진

4) 사명

① 회원을 위한 국제적 수준의 서비스 제공
② 음악관련 활동의 개발 협력 및 교환 장려
③ 음악관련 프로젝트 수행

5) 조직

총회(Council)와 실무그룹(Working Group) 그리고 각종 위원회 (Board)로 구성되어 있다.

① 총회(Council)

매년 IAMIC는 주요 컨퍼런스를 각각 다른 국가에서 개최 하여 가능한 모든 회원들이 참석 가능하도록 한다. IAMIC 에 의해 개최되는 컨퍼런스는 국제 음악 커뮤니티의 발전을 가능하게 하며 정보공유를 위한 벤치마크의 대상이 되기도 한다.

② 실무그룹(Working Group)

실무그룹은 조직을 운영하고 각각의 회원들의 참여와 프로젝트 및 활동을 장려한다.

③ 위원회(Board)

다음과 같은 각종 위원회를 두고 있으며, 각 위원회의 분야별로 전문화하고 있다.
- 커뮤니케이션위원회(Communications Committee)
- 컨퍼런스위원회(Conference Committee)
- 다른 장르를 위한 특별전문위원회(Task Force for Other Genres)
- 툴박스 특별전문위원회(Toolbox Task Force)

6) 회원

IAMIC는 2006년 기준으로 총 38개국의 43개 회원기관을 지원하고 있다. 이들 각각의 회원기관인 음악정보센터(MICs: Music Information Centers)는 그들 국가와 지역에서의 다양한 종류의 음악을 기록화하는 활동을 한다. 구체적으로 낱장악보, 기록, 인명자료, 연구자료를 관리하고 대중에게 장려할 만한 페스티벌, 콘서트, 대회, 컨퍼런스와 같은 예술적인 프로젝트를 제공한다. 대륙별 및 국가별 IAMIC의 회원기관은 다음과 같다.

① 유럽

- 오스트리아: Mica

- 벨기에: 플란더스 음악센터(Flanders Music Centre)
- 크로아티아: 크로아티아음악정보센터 KDZ
- 체코: 체코음악정보센터
- 덴마크: 덴마크 예술부의 음악센터(Danish Arts Agency, Music Centre)
- 영국: 영국음악정보센터
- 에스토니아: 에스토니아음악정보센터
- 핀란드: 핀란드음악정보센터
- 프랑스: Centre de Documentation de la Musique Contemporaine
- 조지아: 조지아음악정보센터
- 독일: 독일음악정보센터(Internationales Musikinstitut Darmstadt)
- 그리스: 그리스음악정보센터
- 헝가리: BMC 헝가리음악정보센터
- 아이슬란드: 아이슬란드음악정보센터
- 아일랜드: 아일랜드현대음악센터
- 이탈리아: 이탈리아현대음악기록관(AMIC: Archives of Italian Contemporary Music)
- 라트비아: 라트비아음악정보센터
- 리투아니아: 리투아니아음악정보및출판센터
- 룩셈부르크: 룩셈부르크음악정보센터
- 네덜란드: Donemus, Gaudeamus
- 노르웨이: 노르웨이음악정보센터
- 폴란드: 폴란드음악정보센터

- 포르투갈: Miso Music Portugal, Calouste Gulbenkian Foundation
- 스코틀랜드: 스코틀랜드음악센터
- 세르비아: SOKOJ 음악정보센터
- 슬로바키아: 슬로바키아음악센터
- 슬로베니아: 슬로베니아음악정보센터사회
- 스페인: Centro para la Difusion de la Musica Contemporanea
- 스웨덴: STIM/Svensk Musik
- 스위스: Foundation SUISA pour la musique
- 웨일즈: 웨일즈음악정보센터

② 아메리카

- 브라질: Centro de Documentacao de Musica Contemporanea
- 캐나다: 캐나다음악센터
- 미국: 미국음악센터

③ 아시아

- 이스라엘: 이스라엘음악정보센터
- 일본: 현대일본음악문서화센터

④ 오세아니아

- 호주: 호주음악센터
- 뉴질랜드: 뉴질랜드음악센터 SOUNZ

7) 주요 사업

- IAMIC 네트워크를 이루고 있는 각 국가 및 지역의 음악정보센터(MICs)는 작곡가, 음악가, 교육자, 학생, 청중에게 다양한 종류의 필수서비스를 제공한다.
- 많은 국가의 새로운 음악을 위한 국가자원센터들은 국가/지역의 작곡가 업적을 기록 및 보관하여 연주가 및 음악교육자들에게 이용 가능하도록 한다.
- 많은 음악정보센터들은 지역음악생활에 대한 정보를 대중에게 전달하고 프로젝트 활동, 지역음악가들의 활동에 대한 대중화를 통해 지역문화개발에 이바지한다.

② 정보원

1) 정보원배포정책

'News'와 'Archives'에서 IAMIC가 제공하는 보도자료 및 뉴스레터의 내용을 무료로 검색·열람할 수 있다.

2) 보도자료(News)

여기에는 주로 보도자료가 제공되며, 'IAMIC News'와 'Member News'로 구분되어 있다. 각각에 해당하는 일부 목록은 다음과 같다.

① IAMIC 보도자료(IAMIC News)

- *New Zealand Music Month*
- *Nordic Wind Music Catalogue*
- *New Art Net*
- *IAMIC Winter Meeting*
- *EFA and IAMIC Promote New Music Programming*
- *2007 IAMIC Conference in Wellington New Zealand*

② 회원 보도자료(Member News)

- *Canadian Music Centre Launches Composer Portraits: Influences of Many Musics*
- *New Book Documents Legendary New Rock Festival*
- *BBC Radio 3's 'Hear & Now' Features Welsh Composers*
- *New Zealand Geographic Features NZ Composers*
- *Centrediscs Receives four 2007 Juno Award Nominations*
- *49th Annual Grammy Nominee List Released*
- *Report on the 2006 Work Programme*
- *Free Downloads from Edition Suecia*
- *Critical Notice*

3) 기록물(Archives)

'Project' 페이지의 제일 하단부분에 있는 'Archive' 항목을 통해 IAMIC의 뉴스레터의 전문(full-text)을 열람할 수 있다. 일년에 두 번, 즉 대체적으로 5월 또는 6월 그리고 12월에 뉴스레터를 발간하나 발간주기는 일정하지 않고 간혹 한 번 발간되기도 하였다. 홈페이지상에서는 1998년 12월호부터 2005년 12월호까지의 목록과 전문이 제공되고 있다.

IAML

International Association of Music Libraries,
Archives and Documentation Center

세계음악도서관 · 기록관및도큐멘테이션센터협회

☐ 기구

1) 소재사항

소재국가   스웨덴
전자우편   webmaster@iaml.info
홈페이지   http://www.iaml.info

2) 성격

세계음악도서관 · 기록관및도큐멘테이션센터협회(IAML)는 각 국
가의 음악도서관, 기록관, 도큐멘테이션센터들의 음악목록, 음
악기록화, 음악도서관, 정보과학에 관한 프로젝트의 현실화 지
원을 촉진시키고 장려하는 국제기구이다. 22개의 국가에 국가
사무소를 두고 있고, 5개의 전문분과, 4개의 주제별 위원회, 그
리고 다양한 실무그룹을 두고 있다.

3) 설립연혁

IAML은 1951년 음악관련 기관의 국제협력을 촉진시키고 전문성에 대한 관심을 지지하기 위해 설립되었다. 현재 IAML은 전세계 45개국의 약 2천여 명의 개인 및 기관 회원을 보유하고 있고, 국제도서관 및 음악 커뮤니티의 주요 회원 중 하나이다.

4) 설립목적

① 음악도서관, 기록관, 도큐멘테이션센터의 활동을 증진 및 장려하고 해당 분야에 종사하는 개인과 기관들 사이의 협력 강화

② 음악도서관, 기록관, 도큐멘테이션센터의 국가적이고 국제적인 문화적 중요성에 대한 심층적 이해 촉진

③ 음악목록, 음악기록, 음악도서관, 정보과학에 관한 프로젝트 실현성 지원

④ 음악과 관련한 모든 출판물과 기록의 유용성 촉진

⑤ 목록, 보존, 음악자료의 유용성에 관한 국제 및 국가 표준 개발 지원

⑥ 전문적인 교육 및 훈련 증진

⑦ 모든 종류의 음악컬렉션 목록 심화 관리

⑧ 모든 기간의 음악기록 보호 및 보존 지원

⑨ IAML의 관심을 공유하는 다른 국제기구와의 협력

⑩ 관심이 있는 모든 이들의 연간회의 참가 장려

5) 기능

IAML의 주요 기능은 다음과 같다.

① 음악 및 음악자료에 관계되는 도서관과 기록관 및 도큐멘테 이션센터의 활동을 증진시키고, 관련 분야에 종사하는 개인 및 기관 간의 상호 협력을 강화하고, 관련 업무에 관한 정 보를 출판한다.

② 국내 및 국제적으로 음악도서관, 기록관과 도큐멘테이션센 터의 문화적 중요성에 대한 이해를 촉진시킨다.

③ 국내 및 국제적 수준으로 음악서지, 음악도큐멘테이션, 그리 고 음악과학도서관 실현을 돕는다.

④ 음악관련 모든 출판물과 기록들의 유용성, 특히 국제적인 교환 및 대출을 장려한다.

⑤ 본 협회에 속해 있는 모든 지역의 표준 발전을 지지하고 격 려한다.

⑥ 적절한 전문교육과 연수를 증진시킨다.

⑦ 모든 종류의 음악자료들의 서지통정을 진행시킨다.

⑧ 모든 시대의 음악기록을 보호하고 보존하도록 한다.

⑨ 도서관, 서지, 기록학, 도큐멘테이션, 음악 그리고 음악학 분야 내에서 다른 조직과 상호 협력한다.

⑩ 회원 간의 국제적 만남을 가진다.

⑪ 전문 관심 분야의 모든 자료를 다루는 정기간행물을 간행한다.

6) 조직

IAML의 조직은 총회를 포함하여 국가대표로 구성되는 협의회

(Council)와 선거에 의해 선출된 위원회(Board)와 전문분과
(Professional Branches), 주제별위원회(Subject Commissions), 연
구그룹(Working Group) 그리고 일반위원회(Committees)로 이
루어지는 실무단으로 구성되어 있다.

① 협의회(Council)

협의회는 IAML의 최고위조직으로서 IAML을 총괄 지시하
며 업무와 관련한 의사결정을 내린다. 협의회는 적어도 1년
에 한 번 개최하며, IAML 컨퍼런스 기간 동안에 개최된다.

② 위원회(Board)

위원회는 협의회의 실무집단으로서 위원장, 직전위원장(Im-
mediate Past‐President), 4인의 부위원장, 사무총장, 재무
위원장으로 이루어진다.

③ 총회(General Assembly)

총회는 모든 회원들로 이루어진다. 적어도 3년에 한 번 열
리는 총회를 통하여 IAML의 기본적인 사항들이 결정되며,
계획과 현재 활동에 대한 평가 및 문제점 도출 등이 논의된
다. 또한 향후 3년 동안의 재정예산이 표결에 의해 결정된
다. 국제 연간 총회는 IAML의 중요 활동이다. 1990년부터
실시하기 시작하여 매해 다른 국가에서 실시하여 2007년은
호주, 2008년은 이태리 그리고 2015년은 미국 뉴욕에서 실
시예정이다. 국제총회는 전문가분과협회(Association's Pro-
fessional Branches), 주제별위원회(Subject Commissions) 그

리고 연구그룹(Working Groups)의 회의로 구성되어 있으며, 일반적인 관심사에 대한 세션도 있다.

④ 전문분과(Professional Branches)

전문분과는 같은 전문분야 및 같은 종류의 기관들이 회원이 되어 구성된다. 다음과 같은 5개의 전문분과가 있다.
- 기록관 및 음악기록센터
- 방송 및 오케스트라 도서관
- 음악교육기관의 도서관
- 공공도서관
- 연구조사도서관

⑤ 주제별위원회(Subject Commissions)

주제별위원회는 도서관활동 형태별로 구성된다. 현재 서지, 시청각자료, 서비스와 교육, 목록의 네 분야의 주제별위원회가 운영되고 있다. 이와 같은 주제영역 전개의 주안점은 각기 다른 나라의 관심 범위 내에서 발전 양상을 보이는 부분을 선택하여 새로운 프로젝트를 실시하는 것이다.

⑥ 일반위원회(Committees)

일반위원회는 IAML의 행정적이고 법률적인 문제에 대해서 조언을 해 주는 역할을 한다. 규약(Constitution), 저작권(Copyright), 정보기술, 복지(Outreach), 프로그램, 출판물, 컨퍼런스 조직과 같은 일곱 분야의 일반위원회가 존재한다. IOS (International Organization for Standardization)와 함께

ISMN(Inernational Standard Music Number)의 발전에 관하여 연구한다. 이 외 설립규정, 저작권, 출판물, 과학기술 등 행정 및 법적 문제에 관한 임무를 수행한다.

⑦ 연구그룹(Working Group)

IAML은 다양한 연구를 수행하는 연구그룹을 조직하고 있다. 연구그룹은 대규모 프로젝트를 책임지며, 보고서 준비와 사업보고서 또는 출판을 수행한다.

⑧ 국가사무소(National Branches)

국가사무소는 57개 중 25개국이 대표를 맡고 있다. 대표국가는 호주, 오스트리아, 벨기에, 캐나다, 크로아티아, 체코, 덴마크, 에스토니아, 핀란드, 프랑스, 독일, 헝가리, 이탈리아, 일본, 네덜란드, 뉴질랜드, 노르웨이, 폴란드, 러시아, 스위스, 슬로바키아, 스페인, 스웨덴, 영국과 아일랜드, 미국 등이 포함된다.

7) 회원

- 현재 세계 45개국 이상이 가입되어 있으며, 약 2천여 명 정도의 개인 및 단체회원을 가지고 있다. 현재 본부는 스웨덴에 있고, 22개국에 분관을 두고 있다.
- IAML의 회원은 주로 유럽 및 북미의 국가와 전문가들로 구성되어 있다. 그 외에도 호주, 뉴질랜드, 일본 등에서도 널리 알려져 있다. 그러나 기본적으로 아시아, 라틴아메리카, 아프

리카에서는 비교적 덜 알려진 상태이다.

- 회원들은 주로 음악수집가, 음악 및 시청각 사서들, 음악기록
  전문가, 도큐멘테이션전문가, 음악학연구가, 음악발행자, 판매
  자로 구성된다.

8) 주요 사업

IAML의 주요 사업은 전문분과, 주제별위원회, 연구그룹을 통
해 이루어진다.

① 전문분과

음악기록관련 각종 견해와 정보를 교환하고 공통의 관심사
를 논의하는 포럼을 주최하는 역할을 하고 있다.

② 주제별위원회

서로 다른 국가에서 관련 관심사에 대한 기록관과 도서관
활동 중 새로운 개발에 관한 것 등에 중점을 두고 활동한
다. 또한 새로운 프로젝트를 시행하는 것도 주제별위원회의
역할이다.

③ 연구그룹

특정한 과제수행, 보고서 및 성명서 작성, 출판 업무를 담
당하고 있다. 다음과 같은 주제에 관한 연구그룹이 있다.

- 음악기록관 등록(Registration of Music Archives, 구 IRMA)
- 하루살이퍼포먼스로의 접근(Access to Performance Ephemera,

구 음악퍼포먼스인덱싱(Indexing of Music Performances))
* 권한데이터 교환(Exchange of Authority Data)
* 음악정기간행물(Music Periodicals, 2001년 절판)
* 음악과음성기록주요서지레코드(Core Bibliographic Record for Music and Sound Recordings, 1998년에 완성)

9) 관련 단체

IAML은 다음의 국제적인 기구의 회원이며, 음악기록관련 기구와 긴밀한 협력을 유지하고 있다.
* 국제도서관협회연맹(IFLA: International Federation of Library Associations and Institutions)
* 국제아카이브스협의회(ICA: International Council on Archives)
* 도서관 · 정보 · 도큐멘테이션협회유럽지부(EBLIDA: European Bureau of Library, Information and Documentation Associations)
* 국제음악협의회(IMC: International Music Council)
* 유네스코비정부기구(UNESCO Non-Governmental Organization)
* 국제음향및시청각기록관협회(IASA: International Association of Sound and Audiovisual Archives)
* 국제음악정보센터협회(IAMIC: International Association of Music Information Centers)

② 정보원

1) 정보원배포정책

'Publications'와 'Archives'에서 IAML의 관련 정보가 제공되고 있다. 'Archives'의 열람을 원하는 자료는 전자우편을 통해 받아 볼 수 있다. 'Publications'의 정보는 홈페이지상에서 원문 열람이 가능하다. 'Fontes Artis Musicae'는 회원에게만 제공되고, 1994년부터 온라인으로 색인검색이 가능하다. 홈페이지에 기간호(back issies)에 대한 정보를 알려주고 있다. 음악서지관련 문제가 있을 때 음악사서의 전자우편(iamll@cornell.edu)으로 도움을 요청할 수 있다. 뉴스레터의 경우 1권에서 9권까지는 웹문서로 배포되고, 10권부터는 PDF와 HTML로 배포되다가 2005년 이후부터는 PDF로 제공되고 있다.

2) 출판물(Publications)

뉴스레터, 연간회의자료, 분과 및 위원회 활동보고서 등을 열람할 수 있다.

(1) 뉴스레터(Newsletter)

뉴스레터는 1951년 10월 창간호와 1999년의 두 차례에 걸친 견본호, 그리고 2000년 10월의 창간호부터 2007년 6월의 24호까지의 목록과 원문이 제공되고 있다.

(2) 연간회의 자료(Annual Conference)

1990년 프랑스에서 개최된 연간회의관련 자료에서부터 2007년 7월 1~6일까지 호주 시드니(Sydney)에서 개최된 회의관련 자료가 각 연도별로 제공되고 있다. 그 외에 2008년 이태리의 연간회의에서부터 2015년 미국 뉴욕에서의 연간회의 계획관련 자료 또한 제공되고 있다.

(3) 분과 및 위원회 활동보고서

IAML의 전문분과와 각 위원회 관련 보고서를 제공하며, 다음과 같다.

① 방송 및 오케스트라 도서관 분과
- *Branch Programme for 2007 Conference in Sydney*
- *Branch Programme for 2006 Conference in Göteborg*

② 음악교육기관의 도서관 분과
- *Programme for 2007 Conference in Sydney*
- *Activities 1998~2006*
- *Questionnaire: Networking and Access to Music Collections*

③ 공공도서관 분과

- *IAML Toolbox*
- *Activities 2005~2007*

④ 목록위원회

- *Unimarc Forms*
- *Plaine & Easie Code*
- *Unimarc Medium of Performance*
- *Activities 2007*
- *Unimarc Sub-Commission Minutes, Göteborg, June 2006*
- *Working Group on the Core Bibliographic Record for Music and Sound Recordings*

⑤ 서비스 및 교육위원회

- *Activities 1997~2002*

⑥ 저작권위원회

- *Activities 1997~2005*
- *Questionnaire on Copyright/Droit d'auteur 2004*

⑦ 정보기술위원회

- *Göteborg 2006, Programme*
- *Sydney 2007, Programme*
- *National Branch Reports*

3) 도큐먼트(Documents)

- *Music Periodicals*
- *Hofmeister*
- *Fontes Artis Musicae*

  이는 계간의 정기간행물로서 협회운영을 위한 커뮤니케이션 통로로서 음악사서와 도큐멘테이션, 서지 및 음악학 등과 관련한 내용을 싣고 있다.

- *The IAML Newsletter*

  이는 전자 뉴스레터이다. 1952에는 제1권을 간행하고, 1999년에 다시 시험판(Trial Issue)으로 1권과 2권을 출판하였다. 이후 2000년에 정식으로 제1권을 간행한 후 2007년 현재 제25권이 간행되었다.

- IAML‒L

  이는 IAML 메일링 리스트로서 음악사서 간의 상호 경험을 교류하고, 전문적 주제를 토론하고, 그리고 문제와 정보를 교환하기 위한 통로이다. IAML 회원과 비회원을 포함하여 470여 도서관의 메일링 리스트이다.

4) 프로젝트 관련 정보원

- The R‒Projects

  이는 IAML과 IMS(International Musicological Society)의 협력 프로젝트로 음악학자와 사서를 위하여 이하의 4개의 주요 서지시리즈(4개의 R)의 출판을 돕는다. 이는 모두 국가적 그룹과 국제적 센터의 협력으로 출판된다.

① ***Répertoire International des Sources Musicales(RISM)***

RISM, 즉 IIMS(International Inventory of Musical Sources)는 전 세계의 음악자원을 적절하게 기술하는 것을 목적으로 하는 세계적 수준의 목록이다. 각국의 독립적인 RISM 연구그룹에서 주로 1800년 이전의 음악 인쇄물과 1600년 이후의 음악 필사본, 그리고 때로는 오페라나 오라토리오의 대본 등을 목록하여 출판한 것이다. 이는 인쇄목록을 먼저 출판하고 1995년 이후 CD‐ROM으로 작업되었다.

② ***Répertoire International de Littérature Musicale(RILM)***

RILM, 즉 IIML(International Inventory of Musical Literature)은 전 세계 음악에 대하여 학술적으로 기술한 서지데이터베이스에 대한 초록이다. 연간의 인쇄물, OCLC와 NISC에서 제공되는 온라인, 그리고 NISC에서 제공되는 CD‐ROM이 있다.

③ ***Répertoire International d'iconographie Musicale(RIdIM)***

RIdIM, 즉 IIMI(International Inventory of Musical Iconography)는 음악관련 영상자료를 발행한다. 이는 목록, 연구자료, RIdIM/RCMI 뉴스레터, RIdIM/RCMI 음악 도상(圖像)학자 시리즈를 출판하고, 듀크대학출판사(Duke University Press)와 Bärenreiter‐Verlag에 의해 발행되는 학술적 연감인 *Imago Musicae*를 지원한다.

④ ***Retrospective Index to Music Periodicals(1800～1950)***

RIPM(The Répertoire International de la Presse Musicale), 즉 RIMP는 가장 최근의 네 번째 'Repertories'이다. 1987

년 이래로 19세기와 20세기 초반의 음악적으로 중요한 부분을 반영하는 출판물을 해마다 10권 정도씩 출판해 왔다. RIPM 시리즈는 NISC(National Information Services Corporation)에 의하여 인쇄자료, 전자자료, CD-ROM으로 출판되고 EBSCO, NISC 및 OCLC에 의해 CD-ROM으로 제작되었다. 2006년 여름 RIPM은 2백 권째 출판과 5십만 이상의 레코드 수록 데이터베이스를 경축하고, *RIPM Online Archive of Music Periodicals*을 탄생시켰다.

5) IAML 지원 출판물

그 외 IAML 지원 출판물은 다음과 같다.

- ***Documenta Musicologica. Kassel: Bärenreiter.***

  Reihe 1: Druckschriften-Faksimiles. 1951~. 43 vols. to 2006.

  Reihe 2: Handschriften-Faksimiles. 1955~. 34 vols. to 2006.

- ***Catalogus Musicus***

  Kassel: Bärenreiter, 1963~ (in progress). 18 vols. to 2004.

- ***Code International de Catalogage de la Musique***

  Frankfurt: Peters, 1957~1983. 5 vols.(완질본).

- ***Guide for Dating Early Published Music***

  Hackensack, NJ: Boonin; Kassel: Bärenreiter, 1974.

- ***Terminorum Musicae Index Septem Linguis Redactus***

  Budapest: Akád. Kiadó; Kassel: Bärenreiter, 1978.

6) IAML 기록관

국제 IAML 기록관은 스웨덴 스톡홀름(Stockholm)의 스웨덴음악도서관(The Music Library of Sweden, 홈페이지: http://www-muslib.se/home.html)에 위치한다. IAML 제공자나 발행 및 생산자는 관련 전자레코드와 도큐먼트를 IAML 기록관에 저장·보존한다. 전자레코드 전송 전에 시스템에 대한 정보도 함께 전송하되 매 5년마다 정기적으로 전송해야 한다. 인터넷으로 전송 가능하며, 오프라인 발송 시 스웨덴음악도서관(주소: Box 16326, 103 26 Stockholm)으로 보내야 한다. 전자 도큐먼트는 기록관으로부터 전자우편으로 제공되며, 필요한 경우 출력되거나 디스크의 형태로 제공된다.

iasa

IASA

International Association of Sound and Audiovisual Archives

국제음향및시청각기록관협회

① 기구

1) 소재사항

소재국가　　스웨덴
주　　소　　SRF　Radio　Archive,　SE　105　10　Stockholm
　　　　　　Sweden
전　　화　　+46　8　784　1535
팩　　스　　+46　8　784　2285
전자우편　　gunnel.jonsson@srf.se
홈페이지　　http://www.iasa-web.org/pages/00homepage.htm

2) 성격

국제음향및시청각기록관협회(IASA)는 60개국 이상의 세계적 수준의 시청각기록관을 대표하는 국제협력기구이다.

3) 설립연혁

IASA는 1969년에 음향 및 시청각기록을 보존하는 기록관들 간의 국제협력기관으로서의 역할을 수행하기 위해 암스테르담 (Amsterdam)에 설립되었다. IASA 회원들은 음악, 역사 등을 포함한 다양한 범위의 컬렉션을 포함한다.

4) 조직

IASA의 사업을 총괄하는 집행이사회가 있으며, 집행이사회 회의는 3년마다 개최된다. 이 외에 다양한 위원회, 부서(sections), 특별대책위원회(task forces)가 IASA의 사업발전을 위하여 존재한다. IASA의 회원들은 IASA의 연간회의를 통해 음향 및 영상이미지 관련 현안들에 대해 논의한다.

① 위원회(Committee)

IASA에는 다음과 같은 다양한 위원회가 조직되어 있다.

- 목록 및 문서위원회(Cataloguing and Documentation Co-mmittee)시청각 미디어의 문서화와 분류에 관한 기준과 규칙 및 시스템 관련 업무를 책임진다.
- 기재법위원회(Discography Committee) 출판된 기록물의 컬렉션에 관한 기준 및 모범사례 관련 업무를 책임진다.
- 기술위원회(Technical Committee) 기록, 보관, 재생산과 관련한 모든 기술적인 측면에 대한 업무를 책임진다.

② 부서(Sections)

- 국가기록물부서(National Archives Section)
  국가기록물과 관련된 문제에 대한 업무를 수행한다.
- 라디오음향기록물부서(Radio Sound Archives Section)
  방송사의 시청각기록에 대한 고유의무를 수행한다.
- 연구기록물부서(Research Archives Section)
  연구조사를 목적으로 만들어진 기록 컬렉션을 비롯한 소장자료들의 시청각기록과 관련된 특수한 문제에 대한 업무를 수행한다.

5) 협력기관

- IASA는 정부와 국제기구의 전문성을 찾고자 하는 국제동맹기구인 시청각기록협회협동협의회(CCAAA: Coordinating Council of Audiovisual Archives Associations)의 설립회원이다.
- 또한 IASA는 UNESCO와 경영상 긴밀한 관계를 유지하고 있다.

6) 주요 사업

IASA는 정보의 교환을 지지하고, 영상기록관련 유사영역 간의 국제협력을 장려한다. IASA는 구체적으로 다음과 같은 영역과 관련된 활동을 한다.

- 수집(acquisition) 및 교환
- 도큐멘테이션 및 메타데이터
- 자원발견 및 접근

- 저작권 및 윤리
- 보존(preservation) 및 보호(conservation)
- 연구, 배포, 출판
- 미디어 콘텐츠의 디지털화

② 정보원

1) 정보원배포정책

'Publications'에서 정보게시물, 정기간행물, 출판물 등을 검색·열람할 수 있다. 회보의 경우 전자우편으로 배포되며, 정기간행물의 경우 구독이 필요하다.

2) 정보게시판(Information Bulletins)

2006년 이전에는 1년에 네 차례에 걸쳐 발간되던 정보게시판이 2006년부터 1년에 두 차례 발간되기 시작했다. 또한 전자회보(E‐Bulletine)는 1년에 두 번 전자우편을 통해 구독자들에게 전해진다. 가장 최근 발간된 것은 2007년 1월의 것으로 정보게시판의 제목은 'Building an Archive for the Future'이다.

3) 정기간행물(Journal)

IASA의 저널은 1년에 두 번 발간된다. 1971년부터 발간된 IASA 저널의 구독을 원하면 신청서를 작성하여 제출해야 하며, 홈페이지에서 무료로 열람 가능한 저널은 극히 제한되어 있다.

4) 특별출판물(Special Publications)

이는 IASA의 출판물로서 대부분은 유료로 주문하여야 열람이
가능하다. 홈페이지상에서 또는 PDF로 무료 열람 가능한 목록
은 다음과 같다.

- *Task Force to Establish Selection Criteria of Analogue and Digital Audio Contents for Transfer to Data Formats for Preservation Purpose*
- *The Safeguarding of the Audio Heritage: Ethics, Principles and Preservation Strategy*

ICA

International Council on Archives

국제아카이브스협의회

① 기구

1) 소재사항

소재국가   프랑스

주   소   60 rue des Francs – Bourgeois, 75003 PARIS

France

전   화   + 33(0)1 40 27 6306

팩   스   + 33(0)1 42 72 2065

전자우편   ica@ica.org

홈페이지   http://www.ica.org

2) 성격

국제아카이브스협의회(ICA)는 세계의 기록유산(archival heritage)
보존과 개발 및 이용에 헌신하는 기록관련 커뮤니티들로 결성
된 국제적인 수준의 비정부기구이다.

3) 설립연혁

1946년 미국 기록보존가(conservator)를 중심으로 국제적 모임의 필요성이 제안되었다. 이후 1948년 6월 파리에서 개최된 UNESCO 주최 기록보존전문가회의에 의하여 설립되었으며, 1950년 8월 파리에서 제1차 총회를 개최하면서 공식적으로 설립되었다. 이후 2004년 오스트리아 비엔나에서 제15차 총회를 개최하였고, 2008년 제16회는 말레이시아 쿠알라룸푸르(Kuala Lumpur)에서 개최된다.

4) 설립목적

① 각국 기록보존기구 및 기록보존전문가의 상호 유대 강화
② 기록물의 국제적 보존, 보호, 방어 등 제 수단 개발의 촉진
③ 기록보존물의 유기적·효과적 활용, 기록보존행정의 국제적 기준 및 활동의 조정 및 진흥

5) 사명

① 국제기구, 정부 및 비정부기구와의 협력하에 모든 국가에 기록관을 설립토록 장려 및 지원
② 레코드와 기록관리영역에 대한 최상의 실무, 표준 개발 및 다른 활동들을 협력, 조직, 장려
③ 레코드 및 기록관리 또는 보존과 관련되거나 기록전문가에 대한 전문훈련과 관련한 모든 국가의 기록전문가, 전문가단체, 공사(公私)조직 간의 관계를 설립, 유지 및 강화

④ 콘텐츠가 좀 더 광범위하게 알려지고, 접근이 극대화되도록 장려하기 위하여 기록 해설과 활용을 촉진

6) 조직

최고의사결정기구인 유엔총회(General Assembly) 외에 대표자회의(Delegates Meeting), 1인의 의장과 5인의 부의장, 그리고 집행위원회(Executive Committee), 전문가협회 및 기관 등으로 구성되어 있다. 본부의 3개 집행위원회 외에 각 지역별 지부와 분과 및 위원회에 의하여 각종 업무가 수행된다.

① 총회

매 4년마다 국제아카이브스회의(International Congress on Archives)를 개최한다. 1950년 1차 총회에 이어 2008년 16차 회의가 개최 예정에 있다.

② 집행위원회

- ICA/CAD(The Commission on Archival Development) 아카이브스개발위원회로서 개발 계획을 지도한다.
- ICA/CSP(The Programme Support Commision) 프로그램지원위원회로서 재정 감독과 자금 조달을 관리한다.
- ICA/CPM(The Programme Management Commision) 프로그램관리위원회로서 ICA의 활동을 지시하고, 각 분과와 지역별 지부의 활동을 조정하며, 그리고 출판과 홍보활동을 총괄한다.

③ 지역별 지부

- ALA(Latin America – Association Latinoamericana de Archivos)

  홈페이지: http://www.ala.or.cr

  ICA의 목적을 증진하고 스페인어와 포르투갈어 사용의 남미, 스페인 및 포르투갈과의 협력을 강화하기 위하여 1982년 마드리드 지부 창립총회를 거쳐 결성되었다. 스페인어의 간행물인 *Edificios de Archivos en Clima Tropicaly Bajos Recursos*이 있다.

- ARBICA(Arab Regional Branch)

  홈페이지: http://www.archives.nat.tn

  ICA의 목적을 증진하고 아랍 국가들과의 협력을 강화하기 위하여 1985년 세빌레(Seville)에서 창립되었다.

- CARBICA(Caribbean Regional Branch)

  홈페이지: http://www.carbica.com

  ICA의 목적을 증진하고 카리브연안 지역과의 협력을 강화하기 위하여 1975년의 지부 제2차 총회에서 창립되었다. 간행물로 *CARBICA Annual Report* 2005~2006이 있다.

- CENARBICA(Central Africa Regional Branch)

  홈페이지: http://www.ica.org/body.php?pbodycode=

          CENARBICA&plangue=eng

  ICA의 목적을 증진하고 중앙아프리카와의 협력을 강화하기 위하여 1982년의 지부창립총회에서 결성되었다. 2000년에 일시 중지되었다가, 2004년 ICA 비엔나(Vienna)총회에서 다시 복원되었다.

- EASTICA(East Asian Regional Branch)

홈페이지: http://www.eastica.org

ICA의 목적을 증진하고 동아시아 지역과의 협력을 강화하기 위하여 1993년의 베이징(Beijing) 지부창립총회에서 결성되었다.

- ESARBICA(Eastern and Southern Africa Regional Branch)

  홈페이지: http://www.ica.org/body.php?pbodycode =
  　　　　　ESARBICA&plangue = eng

  ICA의 목적을 증진하고 동아프리카와 남아프리카와의 협력을 강화하기 위하여 1965년의 지부창립총회에서 결성되고, 1976년 수정되었다. 간행물로 *ESARBICA Journal*이 있다.

- EURASICA(Eurasia Regional Branch)

  홈페이지: http://www.rusarchives.ru/branch/international/
  　　　　　eurasica.shtml
  　　　　　http://www.ica.org/body.php?pbodycode =
  　　　　　EURASICA&plangue = eng

  ICA의 목적을 증진하고 유라시아와의 협력을 강화하기 위하여 2000년의 모스크바(Moscow) 지부창립총회에서 결성되었다.

- EURBICA(European Regional Branch)

  홈페이지: http://www.eurbica.org

  ICA의 목적을 증진하고 유럽과의 협력을 강화하기 위하여 2001년의 플로렌스(Florence) 지부창립총회에서 결성되었다. 간행물로 *Appraisal and Selection of Documents: Report of the International Survey*(2003)가 있다.

- NAANICA(North American Archival Network)

  홈페이지: http://www.ica.org/body.php?pbodycode =

  　　　　　NAANICA&plangue = eng

  본 지부는 2004년의 비엔나(Vienna) ICA 총회에서 결성
  되었다.

- PARBICA(Pacific Regional Branch)

  홈페이지: http://www.parbica.org

  ICA의 목적을 증진하고 태평양지역과의 협력을 강화하기
  위하여 1981년 피지(Fiji)에서의 지부총회 이후, 2001년의
  제9차 지부총회에서 결성되었다. 간행물은 다음과 같다.

  - ***Building a Low - Cost Archives in the Tropics: Specification and Description***(2003)
  - ***PARBICA Compendium of Pacific Archives Legislation*** (2001)
  - ***PARBICA Panorama, the Darwin Shipping Container Trial: Report and Results***(2002)
  - ***Using Shipping Containers for Record Storage: Specification and Description***(2002)

- SARBICA(Southeast Asia Regional Branch)

  홈페이지: http://www.ica.org/body.php?pbodycode =

  　　　　　SARBICA&plangue = eng

  ICA의 목적을 증진하고 동남아시아 지역과의 협력을 강
  화하기 위하여 1968년 쿠알라룸푸르(Kuala Lumpur) 지
  부총회에서 결성되었다.

- SWARBICA(South and West Asian Regional Branch)

홈페이지: http://www.ica.org/body.php?pbodycode =

　　　　SWARBICA&plangue = eng

ICA의 목적을 증진하고 남아시아와 서아시아와의 협력을
강화하기 위하여 1976년 뉴델리(New Delhi) 지부총회에
서 결성되었다.

- WARBICA(West African Regional Branch)

　홈페이지: http://www.ica.org/body.php?pbodycode =

　　　　WARBICA&plangue = eng

ICA의 목적을 증진하고 서아프리카와의 협력을 강화하기
위하여 1977년 다카르(Dakar) 지부총회에서 결성되었다.

④ 분과

- ICA/SMA(Section of Municipal Archives)

　홈페이지: http://municipal − archives.org

- ICA/SIO(Section of Information Organizations)

- ICA/SPO(Provisional Section on Sports Archives)

- ICA/SAE(Section for Archival Education and Training)

- ICA/SPP(Section of Archives and Archivists of Parliaments
and Political Parties)

- ICA/SUV(Section of University and Research Institution
Archives)

　홈페이지: http://www.library.uiuc.edu/ica − suv

- ICA/SBL(Section of Business and Labour Archives)

　참고: IISH(International Institute of Social History)

　홈페이지: http://www.iisg.nl/index.php

⑤ 위원회

- ICA/CBQ(Committee on Archival Building and Equipment)
- ICA/CER(Committee on Current Records in Electronic Environment)
- ICA/CLM(Committee on Archival Legal Matters)
- ICA/CPR(Committee on Preservation of Archival Materials)
- ICA/CSG(ICommittee on Sigillography)
- ICA/CCR(Committee on Current Records in a Non-Electronic Environ)
- ICA/CDS(Committee on Descriptive Standards)
  홈페이지: http://www.icacds.org.uk/eng/home.htm
- ICA/CIT(Committee on Information Technoloy)
- ICA/PDP(Project Group on the Protection of Archives in the Event of Armed Conflict or Other Disaster)

7) 회원

총 173개국이 회원으로 가입되어 있다. 회원은 국립기록관(Category A), 기록전문가 및 관련전문가협회(Category B), 기록관련기관(Category C), 개인회원(Category D), 그리고 기록전문가(Category E)의 다섯 종류로 분류된다.

8) 주요 사업

2004~2008년의 4대 주요 활동 영역은 다음과 같다.

① 지지와 진흥(리더: Andreas Kellerhals, Swiss Federal Archives)
② 전자기록과 자동화(리더: George MacKenzie, National Archives of Scotland)
③ 보존과 재난(손상) 준비(리더: Ivan Murambiwa, National Archives of Zimbabwe)
④ 전문교육과 훈련(리더: Nolda Römer-Kenepa, National Archives of the Netherlands Antilles)

9) 한국과의 관계

① 한국은 1979년 7월 동 기구에 가입하였다.
② A급 회원에는 국가기록원, B급 회원에는 한국국가기록연구원, C급 회원에는 민주화운동기념사업이 있다. 개인회원은 없다.
③ 북한은 A급 회원(국가기록관)이 가입되어 있다.

② 정보원

1) 정보원배포정책

'Download Center'에서 출판물 외에도 공식 문헌, 현재 진행 중인 연구자료나 다른 기구에서 발행한 전문서적들의 검색이 가능하다. 또한 원하는 분야별(주제별), 언어별, 날짜별 검색이 가능하다. 원본을 원할 경우 전자우편(ica@ica.org)으로 연락하면 된다.

2) 출판물

다음 목록은 ICA에서 발행한 대표 출판물들이며 홈페이지상의 'Download Center'에서 무료로 이용 가능하다.

- *Comma*(2001 ~)

  *Comma, International Journal on Archives*는 본 기구의 대표 출판물로 학술지이다.

- *Flesh*(2003 ~)

  1년에 세 번 발행되며 ICA의 활동을 보고하는 소식지이다.

- *ICA Standards*

  최상의 실무를 위한 현존의 국가적 및 국제적 표준에 부합하는 국제적 지침과 권고를 제공한다.

- *ICA Studies*

  최근 문제들에 대한 지침과 연구결과 보고서 시리즈이다.

- *CITRA(Conference of the Round Table on Archives) Proceedings*

  연간의 기록관련 국제원탁회의 회의록이다. 1999년까지는 별도로 출판되었으나 현재는 *Comma*에 포함되어 있다.

- *Archival Building Case Studies*

  기록관련 분야 장서구축에 유용한 사례연구 시리즈이다.

- *ICA Bibliographies*

  기록관련 단행본, 정기간행물 기사, 회의자료 등에 대한 목록을 광범위하게 제공한다.

- *Archivum*(1951 ~ 2000)

  이는 ICA의 리뷰지로서 영어, 불어, 독어, 이탈리아어, 스페인어의 다섯 종류의 언어로 1951년부터 2000년까지 출판되다가 현재 절판되었다.

- *Janus*(1983~2000)

이는 기록학 분야의 지적 상호교류를 위한 국제적 정기간행
물이나 절판되었다.

3) 지침서

- *ISAAR(CPF): International Standard Archival Authority Record for Corporate Bodies, Persons, and Families, First Edition,* 1995(Replaced 2004).
- *ISAAR(CPF): International Standard Archival Authority Record for Corporate Bodies, Persons, and Families, Second Edition,* 2004.
- *ISAD(G): General International Standard Archival Description, Second Edition,* 1999.

ICBS

International Committee of the Blue Shield
국제블루실드위원회

☐ 기구

1) 소재사항

소재국가	프랑스
주　　소	C/o The International Council on Archives/-Conseil international des archives 60, rue des Francs – Bourgeois 75003 PARIS France
전　　화	+33 1 40276306
팩　　스	+33 1 42722065
전자우편	ica@ica.org
홈페이지	http://www.ifla.org/blueshield.htm

2) 성격

국제블루실드위원회(ICBS)는 박물관, 기록관, 역사적 유적지, 도서관과 관련되는 지식과 경험 그리고 국제 네트워크를 내세운 문화유산에 관한 다섯 개의 비정부기구로 조직된 국제적이고 독립적이며 전문적인 조직이다.

3) 설립연혁

블루실드(Blue Shield)란 적십자(Red Cross)와 문화적으로 같은 성격을 지닌 기구로서 블루실드의 상징은 1954년 문화 유적지에 관한 헤이그총회(Hague Convention)에서 정해졌다. 이후 1996년 전쟁이나 자연재해에 의해 파괴되고 있는 전 세계 문화유산을 보호하기 위한 일환으로 국제위원회(International Committee)라는 이름이 붙여졌다.

4) 설립목적

① 문화유산을 위협하는 문제나 위급상황에 대한 국제적 대응의 촉진
② 위험에 대비함으로써 문화유산을 지킬 수 있도록 장려
③ 재난으로부터 예방, 통제, 극복할 수 있도록 국가수준 및 지역수준에서 전문가 교육
④ 위험에 처한 유산의 보호를 위한 조언을 통한 역량 제공
⑤ 유네스코, 세계문화유산보존및복구연구센터(ICCROM), 국제적십자위원회 등과의 협력 및 상담

5) 사명

ICBS의 사명은 세계문화유산을 보호하기 위해 응급상황에 대처하고 협조적인 준비체계를 가질 수 있도록 일하는 것이다.

6) 조직

① 주요 기구

ICBS는 다음의 다섯 개의 비정부기구로 조직되어 있다.
- CCAAA(Co-ordinating Council of Audiovisual Archives Associations)
- ICA(International Council on Archives)
- ICOM(International Council of Museums)
- ICOMOS(International Council on Monuments and Sites)
- IFLA(International Federation of Library Associations and Institutions)

② 지역블루실드(Local Blue Shield)

ICBS는 다수의 국가가 모여서 조직된 것으로 각 국가의 차별되는 전문성과 긴급서비스 등을 함께한다. 특히 지역블루실드(Local Blue Shield)는 포럼을 개최해 서로의 경험을 공유하고 정보를 교환함으로써 문화유산 보호를 위한 빠른 준비능력을 향상시키도록 하고 있다. 또한 그들은 문화유산의 훼손에 대한 국가적 관심을 증가시키는 데에 초점을 두고 있다.

7) 주요 사업

ICBS의 사업은 1999년 4월 84개국의 합의에 의해 헤이그총회(Hague Convention)의 두 번째 협안(the Second Protocol)에

명시되어 있다. 특히 ICBS에는 전쟁상황에서의문화유산보호를 위한국가간위원회(Inter－governmental Committee for Protection of Cultural Property in the Event of Armed Conflict)에 조언을 주는 기관으로서의 새로운 역할이 주어졌다. 기본적인 ICBS의 주요 사업은 다음과 같다.

① 세계적으로 문화유산을 위협하는 정보의 수집 및 공유
② 문화유산 손상에 대한 공중의 인식 제고
③ 위기관리 기준의 증진
④ 보호, 준비, 대처, 극복방안 개발의 필요성에 대한 정책입안자들과 전문가들의 인식 제고
⑤ 응급상황에 대처할 수 있는 전문인력 지원
⑥ 재난대비와 응급 시 빠른 대처를 위한 자원 확보

② 정보원

1) 정보원배포정책

‘Statements and Appeals’, ‘Publications’, ‘Reports’ 그리고 ‘Bulletins’에서 다음과 같은 출판물을 제공하고 있다. 간행물의 경우 모두 PDF로 제공되고 무료열람이 가능하다. 보고서류는 1998년부터의 것들은 무료로 열람 가능하며, Bulletins의 경우 2007년 5월 현재 두 개가 홈페이지에서 열람 가능하다.

2) 성명서와 호소문(Statements and Appeals)

2000년 이후 ICBS와 관련된 성명서 등을 열람할 수 있다. 목록은 다음과 같다.

- *The 2006 Hague Blue Shield Accord 28th September 2006*
- *Statement by the International Committee of the Blue Shield on Threatened Cultural Property in the Middle East Conflict July 2006*
- *Statement on the Records Looted in East Timor June 2006*
- *Statement by ICBS on the Impact of Hurricane Katrina on the Cultural Heritage of Louisiana, Mississippi and Alabama September 2005*
- *Torino Declaration: Resolutions of the First Blue Shield International Meeting, Held in Torino, Italy July 2004*
- *ICBS — Working for the Protection of the World's Cultural Heritage 4 July 2003*
- *ICBS — Statement on the International Support Pledged for the Reconstruction of the Cultural Heritage in Afghanistan 14 March 2003*
- *ICBS — Statement on the Destruction of Cultural Property in the Middle East*
- *The ICBS Expresses Its Profound Concern about the Potential Damage to, and Destruction of, Cultural Heritage in the Event of War in Iraq*
- *Requirements for National Committees of the Blue Shield;*

Strasbourg Charter 14 April 2000

* *Appeal for the Protection of the Cultural Heritage in Yugoslavia 28 January 2000*

3) 출판물(Publications)

2007년 5월 현재 다음의 두 가지 출판물이 제공되고 있다.

* *Selected Bibliography*
* *A Blue Shield for the Protection of Our Endangered Cultural Heritage* (International Preservation Issue(IPI) No.4)

4) 보고서(Reports)

* *Cultural Emergency Relief in North Morocco Marks the First Anniversary of Cultural Emergency Response 26 September 2004*
* *Expert Testifies to Systematic Destruction of Cultural Monuments International Criminal Tribunal for Yugoslavia(ICTY): Milosevic Trial – The Hague – Court Room One – Day 213*
* *Video Footage of What Transpired in the Court Room on July 8 July 2003*
* *International Workshop on "Armed Conflicts, Peace Culture and Protection of Cultural Heritage in West Africa",* Conakry, 19 – 21 May 2003 May 2003
* *Blue Shield Seminar on the Protection of Cultural Heritage*

in Emergencies and Exceptional Situations November 1998

5) 회보(Bulletins)

- *Summary Report－Meeting International Committee of the Blue Shield,* Held at the Office of the Prince Claus Fund, The Hague, 18 October 2004
- *Bulletin from the Meeting of The International Committee of the Blue Shield(ICBS),* Held at the International Council of Museums(ICOM), Paris, on 27th January 2004.

ICCROM

The International Center for the Study of the Preservation
and Restoration of Cultural Property

세계문화유산보존및복구연구센터

① 기구

1) 소재사항

소재국가	이태리
주 소	Via di San Michele, 13, I‑00153 Rome Italy
전 화	+ 39 06 58 5531
팩 스	+ 39 06 5855 3349
전자우편	iccrom@iccrom.org
홈페이지	http://www.iccrom.org

2) 성격

세계문화유산보존및복구연구센터(ICCROM)은 문화유산의 보존
에 전념하기 위해 설치된 정부간국제기구(IGO)이다. 이는 현재
110개 이상의 회원 국가를 대표하여 국제사회를 위하여 봉사
한다.

3) 설립목적

ICCROM의 목적은 보존활동의 질적 향상과 문화적 재산의 중
요성에 대한 의식을 높이는 데 있다.

4) 설립연혁

1950년 플로렌스에서 개최된 제5차 UNESCO 총회 이후, UNESCO
는 문화재의 보존 및 복구에 관하여 회원국에 조언과 원조를
부여할 목적으로 국제센터의 설치에 대한 검토를 계속하였다.
1957년 4월 이태리정부와 본 센터와의 협정이 체결되어, 1958
년 5월 오스트리아, 도미니카, 스페인, 모로코, 폴란드 등 5개
국이 가입함으로써 센터의 규정이 발효되었다. 1959년 5월에
본 센터가 로마중앙복구연구소 부지 내에 설립되었고, 1979년
제10차 총회에서 현재의 기구약어인 ICCROM으로 결정되었다.

5) 기능

다음의 다섯 가지 기능을 통하여 현재와 미래의 문화유산 보존
을 지원하고 있다.
① 교육: 새로운 교육 교재와 도구를 개발하고, 전문 교육을
   실시한다.
② 연구: 전 세계에 유용한 보존활동에 관한 윤리, 척도, 기술
   방법 등을 포함한 연구방법과 학습법을 논의하는 회의를 주
   관하며, ICCROM 연구소 또한 운영하여 연구에 주력한다.
③ 정보 제공: 40개 이상의 언어로 되어 있는 8만 개 이상의 자료

가 등록된 ICCROM 도서관과 보존복구에 관한 소식과 교육
정보를 홈페이지에 탑재하여 관련 정보를 제공한다.

④ 협동: ICCROM의 모든 활동은 전문가 및 전문기관과 함께
협동하여 수행한다. 구체적인 협동은 기술적 문제에 관하여
조언, 방문, 교육의 형태로 이루어지고 있다.

⑤ 지원: 교육자료를 배포하고, 워크숍 및 다른 활동을 개최하
여 공공의 의식을 높이고 보존활동을 지원한다.

6) 조직

총회 외에 주 의회와 사무국 등으로 구성되어 있다.

① 총회(General Assembly)

모든 회원 국가의 대표자에 의해 개최된다. 주요 임무로
ICCROM의 총체적 정책의 결정, 2년마다 활동 프로그램과
예산 승인, 주 의회 회원의 선임, 총재의 지명 등을 수행하
고 있다. 매 2년마다 정기적으로 개최된다.

② 주 의회(Council)

주 의회의 회원은 문화유산의 보존과 복구 분야의 가장 최
상의 전문가들 중에서 선출된다.

③ 사무국(Secretariat)

총재(Director - General)와 직원으로 구성되며, 총재는 승인
된 활동 프로그램의 수행을 책임진다. 구체적인 기관과 전

자우편 주소는 다음과 같다.
- 총재사무실: odg@iccrom.org
- 직영사무소(Sites Unit): sites@iccrom.org
- 수집사무소(Collections Unit): collections@iccrom.org
- 공보실(Office of Communication and Information): oci@iccrom.org
- 도큐멘테이션, 도서관 및 기록관(Documentation, Library and Archives): library @iccrom.org
- 재무회계(Finance and Administration): admin@iccrom.org

④ 보존 연구단체

ICCROM의 보존 연구를 위한 단체로서 전술의 연구기능 수행을 위하여 2005년에 창설되었다. 이는 ICCROM의 능력 강화를 위하여 구체적으로 다음과 같은 활동을 수행한다.
- 관련 활동을 조직하여 보존 전문가들이 보다 더 광범위한 주제를 탐구하고 다양한 관련자들과 교류한다.
- 보존 연구를 위한 일반적인 접근 그리고 방법론을 고안하고, 국제적 윤리와 표준 및 기술 표준의 정의를 제고하기 위하여 협조한다.
- 문화유산 문제관련 주요 발상과 의견을 격려하고 관련 분야 연구를 강화하기 위하여 협조한다.

7) 회원

2007년 1월 현재 총 119개국이 회원 국가로 가입되어 있다.

8) 한국과의 관계

한국은 1968년 7월 22일자로 본 센터 규약에 가입하였으며, 매 총회에 대표단을 파견하고 있다.

9) 주요 프로그램

① ICCROM Forum

광범위한 보존관련 주제로 참신한 생각을 공유하는 국제적인 회의이다.

② 예방 보존(Preventive Conservation)

전 세계와 각국의 각종 보존관련 응답 프로그램으로 위험관리관련 국제적인 과정 및 지역과 국가기관의 프로젝트를 포함한다.

③ 보존 공유(Sharing Conservation)

보존관련 분야의 정책 입안 강화와 일반적인 기구의 개발을 목적으로 한다.

④ CollAsia 2010년(CollAsia 2010)

동남아 유산 수집의 보존 상태의 개량을 계획한 ICCROM와 SEAMEO-SPAFA에 의해 함께 실행되는 7년간의 프로그램이다.

⑤ 기록관과 도서관 수집 보존(Archives and Library Collections Conservation)

원고본뿐만 아니라 음성과 영상기록의 보존도 포함한다.

⑥ 유산건설(Built Heritage)

현대적 보존관련 일련의 과정을 포함하는 문화유산 보존관련 프로그램이다.

⑦ 아프리카 2009년(AFRICA 2009)

아프리카의 유산 보존을 위한 12년간의 프로그램이다.

⑧ ATHĀR

아랍지역의 고고학 유산 관련 장기 프로그램으로 아랍지역의 풍부한 문화유산을 보호하고 제고하기 위한 것이다.

10) 최근 주요 전략

ICCROM은 2001년에 향후 2006년부터 2010년까지의 일곱 가지 전략 방향을 채택하였다.

① 회원 국가의 문화유산에 대한 국가기관의 책임 있는 수용 능력 지원
② 국가 보존 정책으로 모험 준비, 예방 보존 및 정비 전략의 통합 격려
③ 모든 유형의 문화유산에 관심을 통합시키는 정책의 제고
④ 다른 기관의 이중 노력을 감소시키는 네트워크를 통한 공

동체 정신의 진행

⑤ 공동체 정신을 프로그램화하여 장기적으로 유지

⑥ 대학수준의 교과과정에 있는 문화유산 보존 이론과 실습 통합

⑦ 보존과 그 중요성에 관한 정보가 광범위하게 다양한 매체, 대중, 언어에 의해 접근되도록 유지

11) 훈련 및 교육 프로그램

ICCROM은 전 세계의 전문적인 교육활동을 위해 새로운 교육교재 등을 개발하여 제공하는 등 보존 훈련에 공헌하고 있다. 구체적으로 1966년부터 4천여 명의 전문가를 대상으로 한 보존 훈련과 교육이 지속적으로 실시되어 왔다.

12) 특별서비스

① 자문서비스(Advisory Services)

ICCROM는 관련 분야의 회원 국가와 전문가에게 보존 문제에 대한 일반적인 지원과 자문을 제공한다.

② 기술원조서비스(Technical Assistance Service)

ICROM은 문화유산 보존을 위하여 세계적으로 기술원조 서비스(TAS)를 지원한다. 보존관련 정기간행물을 무료로 제공하며, 특히 회원 국가 내의 문화유산 보전관련 공공기관과 비영리기구를 대상으로 한다.

② 정보원

1) 정보원배포정책

ICCROM 발간의 출판물, 전단지, 기록물들은 기본적으로 PDF 화되어 있어 온라인상의 열람이 가능하다. 데이터베이스는 보존 피해복구 동원 관련 외부 정보자원 및 연구물로서 홈페이지와 연결되어 있는 등 편리한 접근이 제공되고 있다. ICCROM 소장 자료와 ICCROM 관련 기록은 홈페이지에서 제공하는 도서관목록을 통하여 검색 가능하고 웹 데이터베이스도 열람 가능하다. 뉴스레터(Newsletters)는 스페인어와 아랍어로도 발행된다.

2) 도서관

① ICCROM 도서관은 1959년 길벵끼안재단(Galousete Gulbenkian Foundation) 기부금으로 설립되었다. 도서관은 다양한 언어로 쓰인 문화 보존에 관한 많은 자료를 소장하고 있다.

② 도서관은 ICCROM 본부에 있으며 문화 보존에 관심이 있는 모든 사람에게 개방되어 있다. 열람시간은 월요일에서 목요일까지는 8:30~17:30, 금요일은 8:30~17:00까지이다(7월과 8월은 월요일에서 금요일까지, 8:00~14:30까지).

주　　소　Via di San Michele 13, 1－00153 Rome Italy

전　　화　＋ 39 06 58 55 3367

팩　　스　＋ 39 06 58 55 3349

전자우편　library@iccrom.org

홈페이지　http://library.iccrom.com

3) 기록관(Archives)

기록관은 ICCROM의 활동과 기능에 관한 기록을 정리, 보존하여 연구에 이용 가능하게 함을 목적으로 한다. ICCROM이 발족한 1959년부터 현재까지의 기록자료를 보관하고 있다. 주요 기록은 총재의 주 의회, 위원회 및 사무실의 ICCROM 프로그램, 프로젝트, 임무, 기술 지원, 훈련, 재정 및 행정업무와 관련된다. 종이기록 외에 사진과 영상 및 녹음테이프와 같은 대량의 A－V 기록도 보관되어 있다. 건축과 그림 및 계획을 포함하여 A－V 기록도 홈페이지를 통해서 검색 가능하다.

4) 정보원과 목록(Catalogue)

2007년 현재 9만 건 이상의 자료가 등록되어 있다. 문헌의 주요 주제는 역사적인 건물, 도시, 유적지, 이동 가능한 모든 종류의 유산, 보존의 역사와 철학, 분석적 기술, 교육 등이 포함된다. 모든 도서목록은 ICCROM 도서관 홈페이지(http://library.iccrom.org/libris/index.html)와 Bibliographic Conservation Information Network의 홈페이지(http://www.bcin.ca)에서 이용 가능하다. 모든 자료는 영문초록을 포함하고 있으며 키워드를 사용하여 검색할 수 있다. 도서관의 소장품은 단행본과 논문, 6백여 건의 정기간행물, 학회 회보, 일반 참고자료, 입법문, 국제권고문, 발췌인쇄, 발행·미발행 보고서, 시청각 자료를 포함하고 있다.

5) 데이터베이스(Database)

ICCROM의 데이터베이스는 연대순으로 구분된 보존관련 정기 간행물을 대상으로 하고 있으며, 대주제 아래 소주제별로 분류되어 있다.

6) 주문

① 출판(Publications)

주　　소　Via di San Michele 13, 00153 Rome Italy
전　　화　+ 39 06 58 55 3372
팩　　스　+ 39 06 58 55 3349
전자우편　publications@iccrom.org

② 뉴스레터(Newsletters)

전자우편　dmn@iccrom.org

ICH

Intangible Cultural Heritage
세계무형유산

1 기구

1) 소재지

주　　소	7, place de Fontenoy 75352 Paris 07 SP, France
전　　화	33 - 1 - 45 68 15 71
팩　　스	33 - 1 - 45 68 55 70
전자우편	ich@unesco.org
홈페이지	http://www.unesco.org/culture/ich/index.php?lg = EN&pg = 00024

2) 설립연혁

1997년 유네스코 총회에서 결의안이 채택되었고, 2001년부터 2년마다 유네스코 국제심사위원회에서 선정한다. 첫해인 2001년에 19개 종목이 선정된 데 이어 2003년에 28개 종목, 2005년에 43개 종목이 선정되었다.

3) 설립목적 및 기능

세계유산협약에 따른 세계유산이나 유네스코에서 선정하는 세계기록유산과는 개념상 구별되며 별도로 관리된다. 선정 대상은 인간의 창조적 재능의 걸작으로서 뛰어난 가치를 지니고 문화사회의 전통에 근거한 구전 및 무형유산으로, 언어·문학·음악·춤·놀이·신화·의식·습관·공예·건축 및 기타 예술형태를 포함한다. 2년마다 6월 말까지 유네스코 사무국에 등재신청을 하면 국제비정부기구(NGO)와 여러 전문가들에 의한 평가가 이루어진 후 다음 해 4월에 18명의 심사위원으로 구성된 국제심사위원회의에서 최종심의를 한다.

4) 회원국

짐바부웨, 일본, 중국, 미국을 포함한 전 세계 50여 개국이 회원이다.

5) 한국과의 관계

우리나라는 자체적으로 무형문화재 지정을 1961년에 했으며, 가입은 2001년도에 하였다. 2001년에 중요무형문화재 제56호와 1호인 종묘제례(宗廟祭禮)와 종묘제례악(宗廟祭禮樂)이 선정되었고, 2003년 판소리에 이어 2005년 강릉단오제가 3회 연속으로 선정됐다. 정식으로 등재되지는 않았지만 조만간 등재가능성이 큰 세계무형유산 잠정목록으로는 옹기장(중요무형문화재 제96호)·처용무(중요무형문화재 제39호)·제주칠머리당굿

(중요무형문화재 제71호)·나전장(중요무형문화재 제10호) 등이
있다.

② 정보원

1) 정보배포정책

정기간행물은 모두 PDF 파일로 무료로 열람할 수 있으나 몇몇
회의록 자료들은 PDF 파일이 전부 있지는 않다. 필요시에는
이메일로 요청 수령이 가능하다.

2) 정기간행물

- ***The Intangible Heritage Messenger***
  2006년도부터 간행된 정규 ICH 정기간행물로서 영어, 프랑스
  어, 스페인어, 아랍어로 지원되고 있으며, 세계 무형유산에 관
  한 연구자료, 소식 등을 게제하고 있으며, PDF 파일을 홈페이
  지에서 무료로 열람할 수 있다.

3) 위원회 기록문

- ***Address by Mr Koïchiro Matsuura, Director-General of UNESCO, on the Occasion of the Inauguration of the Festival of the Chinese Intangible Cultural Heritage; UNESCO(2007)***
- ***Discours De M. Koïchiro Matsuura, Directeur Général De***

l'UNESCO, à l'occasion De La Première Session Du Comité Intergouvernemental De Sauvegarde Du Patrimoine Culturel Immatériel; Alger, Algérie(2006)

- *Address by Mr Koïchiro Matsuura, Director‑General of UNESCO, on the Occasion of the First Extraordinary Session of the General Assembly of the States Parties to the Convention for the Safeguarding of the Intangible Cultural Heritage, UNESCO(2006)*

- *International Symposium on Conserving Cultural and Biological Diversity: The Role of Sacred Natural Sites and Cultural Landscapes; Aichi, Japan(2005)*

- *Masterpieces of the Oral and Intangible Heritage of Humanity: Proclamations(2001, 2003 and 2005)*

- *International Conference on the Safeguarding of Tangible and Intangible Cultural Heritage: Towards an Integrated Approach; Nara, Japan(2004)*

- *Address by Mr Koïchiro Matsuura, Director‑General of UNESCO, on the Occasion of the Certificate Hand‑over Ceremony for the Masterpiece of the Oral and Intangible Heritage of Humanity Urtiin Duu, Traditional Folk Long Song; Ulaanbaatar, Mongolia(2006)*

- *Address by Mr Koïchiro Matsuura, Director‑General of UNESCO, on the Occasion of the Ceremony of the First Stone Laying of the International Olonkho Centre; Yakutsk, Republic of Sakha(Yakutia), Russia(2006)*

- *Address by Mr Koïchiro Matsuura, Director − General of UNESCO, on the Occasion of the Nomination of Her Royal Highness Princess Maha Chakri Sirindhorn as UNESCO Goodwill Ambassador for the Empowerment of Minority Children through Education and through the Preservation of their Intangible Cultural Heritage; Bangkok(2005)*
- *Address by Mr Koïchiro Matsuura, Director − General of UNESCO, on the Occasion of the Seventh Regional Meeting on the Convention for the Safeguarding of the Intangible Cultural Heritage; Roseau, Dominica(2005)*
- *World Heritage Committee; Paris; 7th Extraordinary Session (2004)*
- *Address by Mr Koïchiro Matsuura, Director − General of UNESCO, on the Occasion of the International Conference(on) the Safeguarding of Tangible and Intangible Cultural Heritage: Towards an Integrated Approach; Nara, Japan, 20 October(2004)*
- *Address by Mr Koïchiro Matsuura, Director − General of UNESCO, on the Occasion of the UNESCO/UNU Conference on the Theme: Globalization and Intangible Cultural Heritage: Opportunities, Threats and Challenges; Tokyo, 26 August 2004*
- *UNESCO. Executive Board(2002)*

4) 아시아 지역 위원회 기록문

- *UNESCO－ACCU Expert Meeting on Transmission and Safeguarding of Intangible Cultural Heritage through Formal and Non－formal Education(2007)*
- *UNESCO－ACCU Expert Meeting on Community Involvement in Safeguarding Intangible Cultural Heritage: Towards the Implementation of the UNESCO's 2003 Convention (2002)*
- *Sub－regional Experts Meeting in Asia on Intangible Cultural Heritage: Safeguarding and Inventory－Making Methodologies (2005)*
- *2004 Workshop on Inventory－making for Intangible Cultural Heritage Management ACCU Tokyo(2004)*
- *2002 Regional Workshop for Cultural Personnel in Asia and the Pacific: Promotion of the "Proclamation of Masterpieces of the Oral and Intangible Heritage of Humanity"(2002)*
- *2001 National Workshop on the Documentation and Promotion of the Intangible Cultural Heritage in India(2001)*
- *2000 Regional Seminar for Cultural Personnel in Asia and the Pacific: Building a Network for Preservation and Promotion of Traditional/Folk Performing Arts(2000)*

ICOM
International Council of Museums
국제박물관협회

① 기구

1) 소재지

주　　소	Maison de l'UNESCO 1, rue Miollis 75732 Paris Cedex 15 France
전　　화	+33(0) 1 47 34 05 00
팩　　스	+33(0) 1 43 06 78 62
전자우편	secretariat@icom.museum
홈페이지	http://icom.museum

2) 설립연혁

국제박물관협회(ICOM)는 UNESCO(United Nations Educational, Scientific and Cultural Organization: 국제연합교육과학문화기구)의 협력기관으로서, 박물관(동물원·식물원·수족관 등을 포함) 간의 교류를 통하여 국제협력을 촉진하는 국제기구이다. 1946년 11월 파리의 루브르미술관에서 UNESCO(유네스코) 제1회 총회 개최에 앞서 열린 회의에서 창립되었다.

3) 설립목적 및 기능

박물관의 국제협력을 촉진하는 동시에 박물관의 국제적 이익을 대표하는 기관으로서, UNESCO에 대해서는 박물관에 관한 자문기관으로서의 역할을 한다. 재정적으로는 UNESCO에서 보조금을 받아 UNESCO의 한 분야를 담당하고 있다.

1951년 7월 이후로 3년마다 1회씩 총회를 개최하는데 박물관 활동의 정보교환·공동연구·상호원조협력·사업평가 등 박물관의 중요한 문제에 관해 토론하고 있다. 또한 박물관학에 관한 국제세미나를 개최하고, 박물관 상호간의 학술 및 기술관계 직원의 교환, 국제회의·조사단·사절단의 조직, 박물관 자료의 원활한 국제교환을 촉진하는 일을 한다.

4) 회원국

유럽 및 아시아 국가들을 포함한 140여 개의 국가들이 포함되어 있다.

5) 한국과의 관계

한국은 1976년 4월에 가입하였다.

② 정보원

1) 정보배포정책

ICOM의 뉴스, 선언문, 회의록, 계획 등을 볼 수 있으며 일부는 프랑스어 지원도 가능하다.

2) 뉴스 및 보도자료

박물관 관련 최신 이슈와 전달사항을 볼 수 있으며 1999년의 정보부터 볼 수 있다.

3) 선언문 및 보고문

- *Illicit Traffic on Internet. Appeal from ICOM, UNESCO and Interpol(2007)*
- *Museums and Cultural Diversity: Policy Statement(1997)*
- *Statement by the President of ICOM on Current Legal Actions against Museums for the Return of Illegally Exported Cultural Property(especially Italy Vs the J Paul Getty Museum)(2006)*
- *The Kinshasa Declaration(Kinshasa 1996)*
- *Promoting the Use of Mediation in Resolution of Disputes over the Ownership of Objects in Museum Collections: Statement by the President of ICOM Alissandra Cummins(2006)*
- *The Declaration of Cuenca – Workshop on the Illicit Traffic of Cultural Property(Cuenca 1995)*

154

- *Resolution of Banská Štiavnica(CECA) Partnering in Museum Education－Enhancing the Adventure(2005)*
- *Encounter "Museums, Civilization and Development"(Amman 1994)*
- *Meeting of the Follow－up Committee(Stavanger 1995)*
- *Conclusions of the Annual Conferences of three ICOM International Committees(CIMUSET, ICTOP and MPR)(2003)*
- *The Bamako Appeal－Workshop on the Illicit Traffic of Cultural Property(Bamako 1994)*
- *The Bogota Declaration－Workshop on the Illicit Traffic of Cultural Property(Bogota 2002)(in french)*
- *The Tokyo Resolution Text and a Preface about ICOM's Participancy in the International Alliance Museums, Intangible Heritage and Globalisation－The Shanghai Charter(2002)*
- *The Arusha Appeal－Workshop on the Illicit Traffic of Cultural Property(Arusha 1993)*
- *Appeal to Assist the National Museum of Afghanistan(2002)*
- *Proposal for a Charter of Principles for Museums and Cultural Tourism(2000)*

4) 단행본

- *History of ICOM: 1946～1988*
- *Founders of ICOM*
- *Presidents of ICOM*

- *Executive Council Members from 1948 to Date*
- *Development of the Museum Definition According to ICOM Statutes(1946~2001)*
- *Ethics of Acquisition(1970)*
- *ICOM Code of Ethics for Museums(2001 version)*
- *Code of Professional Ethics(1986 version) Spanish/French*
- *ICOM Chronology(1946~1998)*
- *ICOM General Conferences*
- *Resolutions Adopted by the General Assembly(1946~2004)*
- *ICOM Reform Task Force(1998~2001)*
- *Working Group on the Use of Languages(2001~2004)*

ICOMOS

International Council on Monuments and Sites

세계유물및유적지협의회

☐ 기구

1) 소재사항

소재국가	프랑스
주 소	ICOMOS International Secretariat 49 - 51, rue de 75015 Paris France
전 화	+33 (0)1 45 67 67 70
팩 스	+33 (0)1 45 66 06 22
전자우편	secretariat@icomos.org
홈페이지	http://www.international.icomos.org/home.htm

2) 성격

세계유물및유적지협의회(ICOMOS)는 전 세계의 역사적으로 중요한 기념물과 유적지 등을 보존하기 위해 1965년 베니스헌장(Charter for the Conservation and Restoration of Monuments and Sites)에 의해 설립된 국제기구이자 비정부기구(NGO)이다. 한편 본 기구는 유네스코 산하 세계유산위원회(WHC: World

Heritage Committee)의 자문기구이기도 하다.

3) 목적

전 세계의 보존 전문가들의 기념물 수집, 평가, 보존 원칙, 보존 기술, 정책 등 관련 정보 교류 및 보존전문가를 위한 훈련 프로그램을 제공한다. 그리고 일반인 또는 보존전공자들을 위해 도큐멘테이션센터 설립을 위한 국제협력을 하고 있다.

4) 회원

현재 110개 국가가 회원으로 가입되어 있으며, 전 세계 21명의 국제과학위원회(International Scientific Committees) 전문가들이 기념물, 유적지 보존과 보호에 관한 자문을 하고 있다. 특히 기념물의 보존, 복원, 문화적 환경 경영을 위한 표준을 확립하려고 노력하고 있다.

5) 조직

총회, 각종 위원회, 그리고 국제비서국으로 구성되어 있다.

① 총회

총회(General Assembly)에서는 총재, 부총재, 사무관, 회계담당자를 선출한다. 이들이 사무국을 운영하며 집행위원회 12인을 임명한다. 공식적인 총회는 1981년 로마에서 개최되고, 1987년 워싱턴에서 개최된 후 3년마다 개최되었다. 1996년 불가리아 소피아(Sofia)에서의 총회 개최 이후 2002

158

년에 스페인의 마드리드(Madrid)에서 개최되었다.

② 집행위원회

12명의 회원, 사무국 임원, 협동간사 5인으로 구성되어 있다. 공인된 전문자격을 갖추어야 하며, 주요 업무는 프로그램과 예산, 그리고 기타 모든 활동을 실행 및 감독한다.

③ 자문위원회

국가위원회의 총재들로 구성되어 있다. 주요 역할은 집행위원회가 수행하는 다양한 프로그램들과 업무에 대해 자문하는 것이다.

④ 국가위원회(National Committees)

국가적인 차원에서 만들어진 ICOMOS연합이다. 개인 및 기관 회원에게 토론과 정보교환의 기회를 제공하며, 현재 110개국의 국가위원회가 구성되어 있다. 각 국가위원회는 ICOMOS의 목적과 목표에 부합하는 개별적인 절차와 개별 프로그램을 설계하기도 하며, ICOMOS의 집행위원회(Advisory and Executive Committees)가 제안하는 프로그램을 이행하기도 한다.

⑤ 국제과학위원회(International Scientific Committees)

ICOMOS의 주요 관심 분야의 한 영역인 보존 이론과 과학적 기술을 개발하는 책임을 지고 있다. 각 국제과학위원회와 홈페이지는 다음과 같다.

- 20th Century Heritage

  홈페이지: http://icomos-isc20c.org
- Cultural Landscapes ICOMOS-IFLA

  홈페이지: http://www.icomos.org/landscapes
- ICOMOS(International Scientific Committee on Fortifications and Military Heritage)

  홈페이지: http://icofort.googlepages.com
- ICIP/ICOMOS(International Committee on Interpretation and Presentation of Cultural Heritage Sites)

  홈페이지: http://icip.icomos.org
- CIPA, Heritage Documentation

  홈페이지: http://cipa.icomos.org
- ICAHM(International Committee for Archaeological Heritage Management)

  홈페이지: http://www.icomos.org/icahm
- CIAV(International Committee for Vernacular Architecture)

  홈페이지: http://www.icomos.org/ciav
- CIVVIH(International Committee on Historic Towns and Villages)

  홈페이지: http://civvih.icomos.org
- ICOMOS International Wood Committee

  홈페이지: http://www.icomos.org/iiwc
- Legal, Administrative and Financial Issues

  홈페이지: http://www.icomos-iclafi.org/index.html
- Cultural Route

홈페이지: http://www.icomos‑ciic.org
- Cultural Tourism

   홈페이지: http://www.icomos.org/tourism
- IPHC(International Polar Heritage Committee)

   홈페이지: http://www.icomos.org/tourism

⑥ 국제비서국

파리 ICOMOS 본부에 설치되어 있으며, 총회에서 결정된 프로그램들의 수행을 관장한다. 1978년 5월 22일 모스크바에서 열린 15회 일반회의에서 해당 활동 관련 법령이 채택되었다. 구체적인 활동은 다음과 같다.

- ICOMOS 국가위원회의 성장 촉구
- 문화적 재산을 위한 융통성 있는 경영기술과 훈련 프로그램을 정의 및 개발
- 파리에 있는 ICOMOS 국제 문헌 센터 발전과 함께 비디오 및 슬라이드 도서관 설립
- 유산 관리의 요청에 따른 조직과 관리 제공
- 보존에 관한 법률적 문제에 관한 질문 중재

6) 한국과의 관계

우리나라는 1995년에 석굴암, 불국사, 해인사 팔만대장경 장경판전(장경각), 그리고 종묘가 ICOMOS에 등록되었다. 2000년에는 창덕궁과 수원 화성, 그리고 2004년에는 고구려 유적이 추가로 ICOMOS에 등록·확정되었다.

7) 유물 · 유적기념일(Celebrate 18th April)

ICOMOS는 유물 · 유적기념일을 4월 18일로 지정해 각종 행사와 매스컴을 통하여 보존에 관한 공공의 흥미와 관심을 유도하고 있다. 2001년부터 2007년까지의 기념일 주제는 다음과 같다.

- 2007: Cultural Landscapes and Monuments of Nature
- 2006: Industrial Heritage
- 2005: 40th Anniversary of ICOMOS
- 2004: Earthen Architecture and Heritage
- 2003: Underwater Cultural Heritage
- 2002: 20th Century Heritage
- 2001: Save our Historic Villages

② 정보원

1) 정보원배포정책

초기 ICOMOS의 정기간행물(1967~1984)의 기사는 모두 온라인으로 제공되어 검색 가능하다. 'Database Online', 'Documents PDF' 등을 구축하였고, 각종 데이터베이스 외에 각종 기록 및 간행물을 PDF로 제공하고 있다.

2) 도큐멘테이션센터(Documentation Centre)

ICOMOS의 본부에 설치되어 있으며, 유물 보존에 관련된 정보와 특별 서지데이터베이스를 수집·분석하여 배포하고 있다. 이 센터는 ICOMO의 회원, 비회원 관계없이 모든 연구자들에게 개방하고 있다.

3) 출판물과 도큐먼트(Publications/Documents)

ICOMOS 자체 출판물, 연 4회의 회보, 보도자료(ICOMOS News), 과학잡지, 각종 출판 시리즈 등을 발간한다.

4) 과학위원회의 정기간행물(Scientific Journals)

- *Cultural Tourism*(Symposium)
- *Archaeological Heritage Management*(Symposium)
- *Economics of Conservation*(Symposium)
- *Archaeological Heritage Management*
- *Architectural Photogrammetry*
- *Conservation Economics*
- *Cultural Tourism*
- *Earthen Architecture*
- *Historic Gardens and Sites*
- *Historic Towns*
- *Rock Art*
- *Stained Glass*
- *Training*
- *Vernacular Architecture*
- *Wood*

5) 유물과 유적지관련 출판물(Monuments & Sites)

- Ⅰ: *International Charters for Conservation and Restoration*
- Ⅱ: *The Terracota Army of the First Chinese Emperor Qin Shihuang*
- Ⅲ: *The Polychromy of Antique Sculptures and the Terracotta Army*
- Ⅳ: *Puebla, Patrimonio de Arquitectura Civil del Virreinato*
- Ⅴ: *Vernacular Architecture*
- Ⅵ: *Magnetic Prospecting in Archaeological Sites*
- Ⅶ: *Building Archaeology*
- Ⅷ: *Cultural Heritage in the Arctic and the Antarctic Regions*
- Ⅸ: *La Representatividad en la Lista del Patrimonio Mundial*
- Ⅹ: *Identificacion, Promocion e Inventario de los Itinerarios Culturales/Identification, Promotion and Inventory of Cultural Routes*
- Ⅺ: *The Venice Charter/La Charte de Venise 1964 – 2004 – 2044*
- Ⅻ: *The World Heritage List: Filling the Gaps – an Action Plan for the Future*
- ⅩⅢ: *Ciudades Historicas Iberoamericanas*

6) 그 외 출판물(Others Publications)

- *Report on Economics of Conservation: An Appraisal of Theories, Principles and Methods*

- *Seminar on 20th Century Heritage.* Helsinki June 18 – 19 1995
- *ICOMOS European Conference: "Authenticity and Monitoring",* Cesky Krumlov, October 17 – 22, 1995
- *Routes as Part of Our Cultural Heritage*
- *2nd ICAHM International Conference: Archaeol, Remains, In Situ Preservation*
- *Architectural Preservation in Japan*
- *Risk Preparedness*
- *Nara Conference on Authenticity*

IFACCA

International Federation of Arts Councils and Culture Agencies

국제예술문화협회연맹

① 기구

1) 소재지

주   소   372 Elizabeth St Surry Hills Sydney PO Box 788
         Strawberry Hills 2012 NSW Australia
전   화   +61 2 9215 9018
팩   스   +61 2 9215 9111
홈페이지   http://www.ifacca.org

2) 설립연혁

국제예술문화협회연맹(IFACCA)은 2000년 12월 문화와 예술의 세계적인 교류와 발전을 위해 캐나다예술협회, 영국예술협회 그리고 유네스코의 합작으로 발족되었다.

3) 설립목적 및 기능

IFACCA는 예술가와 세계의 예술협회의 이익과 교류를 도모하기 위해 설립되었다. 활발한 네트워크와 지식교류는 예술을 발전시키고 예술의 다양성을 더욱더 풍부하게 만들어 준다. 국제적인 예술 교류와 예술 발전을 위해 연구, 회의, 행사 등의 개최를 주관하고 있다.

4) 회원국

2007년 현재 세계 57개국이 회원이다.

5) 한국과의 관계

한국은 2000년도부터 회원국으로 활동 중이며, 이진배 한국문화예술위원회 회장이 위원으로 활동하고 있다.

② 정보원

1) 정보배포정책

정기간행물이나 회의기록문은 무료로 열람할 수 있으며, 영어, 스페인어, 프랑스어 지원이 가능하다. 단행본은 PDF 파일로 볼 수 있으며, 여러 회원국의 출판국에서 출판한 출판물로서 일부는 무료로 다운로드할 수 있으나, 일부는 유료로 판매되고 있으며, 모든 출판물이 스페인어나 프랑스어를 지원하지는 않는다.

2) 정기간행물

- **ACORNS(the Arts and Culture Online Readers News Service)**
  세계의 문화관련 뉴스나 행사에 관한 내용을 웹상에서 볼 수 있도록 지원하고 있으며, 2002년도 자료에서부터 검색이 가능하다. 인터넷으로 이메일 회원 가입을 한 사람들에게는 무료 이메일 서비스도 하고 있다.

3) 회의기록문

홈페이지의 'SUMMIT' 섹션에서 PDF 파일로 읽어 볼 수 있으며, 스페인어, 프랑스어 지원이 가능하다.

4) 단행본

- *French Cultural Policy Debates: A Reader(2001)*
- *Las Memorias del Encuentro Nacional de Educacion Artistica (2007)*
- *Report of the Narional Meeting on Arts and Education(2007)*
- *Staying Ahead: The Economic Performance of the Uk's Creative Industries(2007)*
- *Publicly Funded Culture and the Creative Industries(2007)*
- *Journal of Cultural Economy(2007)*
- *Cultural of Cultural Economy(2007)*
- *Local Policies for Cultural Diversity(2006)*
- *Working Together: Local Authorities and DCMS: A Guide*

for Councillors(2006)

- *A Change in the Cultural Climate(2006)*
- *Culture on Demand: Ways to Engage a Broader Audience(2007)*
- *Value of the Arts(2007)*
- *Volunteers With Arts or Cultural Organizations: A 2005 Profile(2007)*
- *Measures of Success: Arts Marketing Metrics(2007)*
- *Innovate, Participate: A Cultural Policy Agenda for the Netherlands(2007)*
- *Observatorio Itau Cultural, New Research Publication(2007)*
- *Indigenous Art−Securing the Future(2007)*
- *Arts and Culture in Australia: A Statistical Overview, 2007 (2007)*
- *The Complete Guide to Nonprofit Management(2003)*
- *A Critique of Creative Industries/Creativity Hypes(2007)*
- *Events And Festivals: Current Trends and Issues*
- *Routledge Taylor & Francis(207)*
- *Artists in Figures*
- *Federal Commissioner for Cultural and Media Affairs(2007)*
- *Involving Youth in Nonprofit Arts organizations(2007)*
- *Towards a Healthy Ecology of Arts & Culture(2007)*
- *European Cultural Policy−Which Means What, Exactly?(2007)*
- *Mapping Cultural Participation(2007)*
- *Journal of Cultural Economics, Vol.31 No.2(2007)*
- *International Journal of Cultural Policy, Vol.13 No.2(2007)*

- *Arts &Economic Prosperity Ⅲ*
- *Americans for the Arts(2007)*
- *Final Report on the Take−up of Cultural Opportunities by Priority Groups(2007)*
- *Arts and Culture in the Metropolis: Strategies for Sustainability*
- *Rand Corporation(2007)*
- *Creating the Change−Women's Study*
- *IG Kultur Vorarlbergr(2006)*
- *Urban Cultural Programme−Full Evaluation Report(2007)*
- *Building Creative Partnerships: A Handbook for Schools(2007)*
- *The Future of Private Sector Givinf to the Arts in America*
- *Americans for the Arts(2007)*
- *Individual Choices, Permanency of Cultures,*
- *Changes in Leisure 1981∼2002(2007)*
- *Grant Making With a Racial Equity Lens(2007)*
- *Resale Royalty Right for Visual Artists: Discussion Paper*
- *Ministry for Culture and Heritage(2007)*
- *Compendium Newsletter No.8/May 2007*
- *Ericarts(2007)*
- *Culture 2007, Ministry of Education Science and Culture(2007)*

IFFA/FIAF

International Federation of Film Archives

국제영상기록연맹

① 기구

1) 소재사항

소재국가	벨기에
주　　소	FIAF Secretariat, Rue Defacqz 1, 1000 Brussels Belgium
전　　화	+322 538 3065
팩　　스	+322 534 4774
전자우편	info@fiafnet.org
홈페이지	http://www.fiafnet.org/uk

2) 성격

국제영상기록연맹(IFFA/FIAF)은 앞서가는 전 세계 영상기록관 련 전문적인 기록관 간의 중요한 네트워크 역할을 수행하는 기 구이다.

3) 설립연혁

IFFA/FIAF는 1938년에 설립된 60년 이상의 경험을 가진 기구로서, 전 세계의 동영상관련 전문기관들의 네트워크라고 할 수 있다. 현재 IFFA/FIAF의 협력기관들은 역사적 기록 또는 예술과 문화작품으로서의 가치를 지닌 영상기록의 구제(rescue), 수집, 보존, 심사(screening)를 위해 봉사한다.

4) 설립목적

① 영상물 보존과 영상기록관련 모든 분야의 실제적인 기준 유지
② 영상기록관이 부족한 국가에서의 기록관 설립 촉진
③ 영상기록관이 활동하는 데 있어서 법적 환경 증진 추구
④ 영상문화를 촉진시키고 국가적 그리고 국제적 단계에서의 사실에 바탕을 둔 역사적 연구 장려
⑤ 보존 및 다른 기록 기술에 관한 교육 및 전문화
⑥ 보다 광범위한 커뮤니티에 의한 연구 및 조사를 위한 영구적인 자료 확보
⑦ 영화 관련 기록 및 자료의 보존 및 수집 장려
⑧ 영상과 기록의 국제적 효용성을 확고히 하기 위한 회원들 간의 협력 개발

5) 회원

• IFFA/FIAF의 회원들은 관련 활동에 적극 참여하는 기록관들로 구성되어 있다.

- 약 65개국에서 120개 이상의 기관들을 회원으로 두고 있다. 구체적으로 비영리기관, 정부기록관, 독립적 기금 및 신탁, 전위영화전문소극장, 박물관 및 대학관련부서 등이 포함된다.
- IFFA/FIAF 제휴 회원들은 영상물 보존에 관련하지는 않지만 IFFA/FIAF의 목적을 지지하는 비영리 기관들로 구성되어 있다. 예를 들면 영상이미지 박물관, 비디오테크, 도큐멘테이션 센터 등이 그렇다.

6) 조직

① 연간의회(Annual Congress)

IFFA/FIAF는 매년 각각 다른 국가에서 의회를 개최한다. 의회에는 IFFA/FIAF의 공식적인 사업과 관련 있는 총회가 포함된다.

② 위원회(Commissions)

- 위원회는 회원기록관의 개인전문가 그룹으로 구성된다.
- 위원회는 이론적이면서도 실제적인 기준의 개발 및 유지를 지지한다.
- 프로그램 추진을 위해 정기적 모임을 가진다.

③ 특별위원회(Specialized Commission)

다음과 같이 세 개의 특별위원회가 있다.
- 기술위원회(Technical Commission)
- 목록 및 도큐멘테이션위원회(Cataloguing & Documentation

Commission)

- 프로그래밍 및 장서접근위원회(Programming & Access to Collections Commission)

7) 프로젝트

IFFA/FIAF는 다음의 세 가지 프로젝트를 진행하고 있다.

- 정기간행물 색인 프로젝트(PIP: Periodicals Indexing Project)
  IFFA/FIAF 회원들이 기부한 영상관련 정기간행물을 국제색인 기준에 맞춰 정리하기 위한 프로젝트이다.
- 영상필름 긴급구조 프로젝트(Reel Emergency Project)
  위험에 처해 있거나 또는 종말의 위기에 있는 영상기록을 확실하게 지원하기 위한 프로젝트이다.
- 구술기록 프로젝트(Oral History Project)
  IFFA/FIAF 자체 및 회원기록관의 역사와 관련된 구술기록을 대상으로 하는 프로젝트이다. 이는 IFFA/FIAF가 유럽 및 미국기록관들에 의해 설립되었기 때문에 대체로 해당 지역 기록관의 역사와 깊은 연관을 가지고 있다.

8) 관련 단체

- CCAAA(Co-Ordinating Council of Audiovisual Archives Associations)
  홈페이지: http://www.ccaaa.org
- AMIA(Association of Moving Image Archivists)
  홈페이지: http://www.amianet.org

- FIAT/IFTA(International Federation of Television Archives)
  홈페이지: http://www.fiatifta.org
- IFLA(International Federation of Library Associations and Institutions)
  홈페이지: http://www.ifla.org
- ICA(International Council on Archives)
  홈페이지: http://www.ica.org
- IASA(International Association of Sound and Audioviual Archives)
  홈페이지: http://www.iasa-web.org
- SEAPAVAA(South East Asia-Pacific Audiovisual Archive Association)
  홈페이지: http://www.seapavaa.org

② 정보원

1) 정보원배포정책

'News' 및 'Publication'에서 IFFA/FIAF 관련 정보를 찾아볼 수 있다. 출판물의 경우 주문 구입하는 것을 원칙으로 하고 있고, 전자출판물(E-publications)이나 온라인데이터베이스(Online Database)를 통해서만 온라인상에서 무료열람이 가능하다. 그 외 원하는 정보를 검색하기 위해서는 다음과 같은 홈페이지로 별도 접속해야 한다.

- http://www.ovid.com/site/contacts
- http://fiaf.chadwyck.co.uk

2) 보도자료(News)

'IFFA/FIAF News'와 'Other News'로 구분하여 IFFA/FIAF 관련 보도내용과 다른 기관관련 보도내용을 제공하고 있다. 'News Archives'를 통해 전체 보도내용 목록을 한 번에 검색 가능하다. 이와 관련한 2007년 5월 말 현재까지의 대표적인 최근 목록은 다음과 같다.

① IFFA/FIAF 보도자료(News)

- *Lausanne－The Swiss Film Archive Recruits a New Director for March 1st 2008*
- *FIAF Reel Emergency Project(Request 10)*
- *FIAF Reel Emergency Project(Request 9)*
- *Luxembourg－Colloque "Images Amateurs: Valorisation et Manipulation"(21－23 janvier 2008, Luxembourg)*
- *Tirana－New Director at Albanian Film Archive*
- *New York/MoMA－Appointment of New Chief Curator of Department of Film*
- *FIAF Executive Committee 2007～2009*
- *New FIAF Affilates*
- *Mary Lea Bandy－FIAF Honorary Member*
- *Wiesbaden－Eberhard Spiess In Memoriam*

- *Bois d'Arcy － Béatrice de Pastre Nommée Directrice des Collections du CNC*
- *Film Restoration Summer School/FIAF Summer School 2007*
- *Paris － Fusion de la Bibliothèque du Film avec la Cinémathèque Française － Communiqué de Presse*
- *Paris － Merger of the Bibliothèque du Film into the Cinémathèque Française － Press Release*

② 그 외 보도자료

- *Cannes 2007 － The World Cinema Foundation(WCF)*
- *Prix France Culture Cinéma 2007 à Rithy PANH*
- *CCAAA － 2007 Joint Technical Symposium in Toronto, Canada*

3) 온라인 데이터베이스(Database Online)

온라인 데이터베이스에서는 세트로 구성되어 있는 자료의 목록을 제공한다. 대부분이 주문 구입하여야 열람 가능하다.

- *International Index to Film Periodicals*
  1972년 이후부터 현재까지 가장 학구적이고 유명한 영상관련 정기간행물 제공
- *International Index to Television Periodicals*
  1979년부터 2000년까지의 약 5만 건의 논문 제공
- *Treasures from the Film Archives*
  지금까지 기재되지 않은 영상기록에 관한 독특한 정보 제공

- ***Bibliography of FIAF Members Publications***
  1966년 이후로 IFFA/FIAF가 출판한 자료들에 대한 인용문을 매년 업데이트하여 제공
- ***International Directory of Film/TV Documentation Collections***
  세계적으로 주요한 영상기록관, 도서관, 교육기관의 영상 도큐멘테이션 컬렉션에 관한 자세한 정보 제공

4) 전자출판물(E‒publications)

- ***Journal of Film Preservation***
  IFFA/FIFA의 출판물로서 부정기적이긴 하나 일 년에 두 번 간행되며, 1995년 11월(51호)부터 2006년 11월(72호)까지 전자저널로 제공되고 있다.
- IFFA/FIAF Members Publications
  2002년부터 2005년까지 회원들의 출판물에 대한 목록을 PDF로 제공한다(*2002 FIAF Members' Publications*~*2005 FIAF Members' Publications*).

IFLA

International Federation of Library Associations and Institutions

국제도서관협회연맹

① 기구

1) 소재사항

소재국가	네덜란드
주　　소	P.O. Box 95312, 2509 CH The Hague Nether-lands
전　　화	+31 70 3140884
팩　　스	+31 70 3834827
전자우편	IFLA@ifla.org
홈페이지	http://www.ifla.org

2) 성격

국제도서관협회연맹(IFLA)은 도서관과 정보서비스, 그리고 이용자들의 관심을 대표하는 선두적인 국제기구이다. IFLA는 도서관과 정보 전문에 대한 글로벌 보이스(global voice)라 할 수 있다.

3) 설립연혁

IFLA은 1927년 스코틀랜드의 에든버러(Edinburgh)에서 열린 국제회의에서 설립되었으며, 2007년 80주년을 기념하기에 이르렀다. 전 세계적으로 150개국의 1,700명이 넘는 회원이 가입되어 있는 IFLA는 1971년 네덜란드 국립도서관에 본부를 등록하였다.

4) 설립목적

① 높은 수준의 규정과 도서관과 정보서비스의 제공 촉진
② 좋은 도서관과 정보서비스의 가치에 대한 폭넓은 이해 장려
③ 전 세계 회원들의 이익을 대표

5) 사명

① 세계인권선언 제19항에 있는 정보, 상상의 아이디어와 작품, 표현의 자유에 접근할 자유원칙 승인
② 인간, 커뮤니티, 조직이 그들의 사회, 교육, 문화, 민주, 경제적 안녕을 위하여 동등한 정보 접근이 필요하다는 믿음
③ 양질의 도서관과 정보서비스를 제공하는 것이 곧 정보로의 접근(access)이란 것을 보장한다는 신념
④ 모든 회원들이 그들의 활동을 관여하고 이익을 얻을 수 있도록 하는 의무

6) 조직

IFLA는 점점 더 확대되는 전 세계 커뮤니케이션의 필요성을 반영하여 2001년에 관리체계를 개정하였으며, 그 조직구성은 다음과 같다.

① 총회(General Council)

총회는 투표권이 있는 회원들로 진행되며, 매해 연간회의가 개최된다. 총회에서는 IFLA의 수장과 이사회를 선출하며, 결의안의 통과여부가 결정된다.

② 자문회(Council)

회원들의 자문회는 최상위의 관리모임으로서 매해 정기총회를 개최한다.

③ 이사회(Governing Board)

이사회는 총회에 의해 의결된 정책에 따라 IFLA의 관리 및 전문적 방향을 제시한다. 이사회는 적어도 1년에 두 번은 개최되며, 그중 한 번은 해마다 열리는 세계도서관및정보의회(World Library and Information Congress)에서 열린다.

④ 집행위원회(Executive Committee)

집행위원회(Executive Committee)는 이사회에 의해 위임된 IFLA의 방침을 감시하는 역할을 한다.

⑤ 전문위원회(Professional Committee)

IFLA의 모든 활동의 유기적인 연결이 가능하도록 하는 역할을 한다. 본 위원회는 적어도 1년에 두 차례 회의를 개최하며, 그중 한 번은 IFLA 총회에서 열린다.

⑥ 지역회의(Regional Meetings)

이는 각 지역별 회의로서 전문회의, 세미나, 워크숍 등이 전 세계적 차원으로 개최된다.

7) 회원

- IFLA는 투표권을 가지는 회원의 경우 협회회원(association members)과 학회회원(institutional members)의 두 분류로 구분된다.
- 국제기구의 경우 국제협회회원(international association members) 또는 국가협회회원(national association members)으로 구분한다.
- 개인의 경우 IFLA에 가입하고 싶은 경우는 개인회원(personal affiliates)으로 가입 가능하다.

8) 파트너십

① 법인파트너(Corporate Partners)

현재 정보산업 분야 25개 이상의 법인기업이 IFLA와의 파트너로서의 관계를 맺고 있다. 재정적인 지원을 함으로써

기업들은 그들의 상품 및 서비스에 대한 광고 기회의 이익
을 수여받는다.

② 관련 단체

- IFLA는 정보의 정기적인 교환의 기회를 제공하는 공통
  관심사를 갖고 있는 여러 기관들과 좋은 파트너 관계를
  유지하고 있다.
- 유네스코(UNESCO), 세계과학위원회(ICSU: International
  Council of Scientific Unions), 세계지적재산권기구(WIPO:
  World Interllectual Property Organization), 국제표준화기
  구(ISO: International Organization for Standardization)를
  공식적인 협회로 두고 있다.
- 1999년에는 세계무역기구(WTO: World Trade Organization)
  와 협정을 맺기도 했다.
- 국제출판협회(IPA: International Publishers Association) 등
  을 포함한 비정부기구(NGO) 등을 자문기구로 두고 있다.

③ 기록관련 회원

기록 및 기록관리 관련 회원은 다음과 같다.
- ICA(International Council on Archives)
- ICOM(International Council of Museums)
- ICOMOS(International Council on Monuments and Sites)
- ICBS(International Committee of the Blue Shield)

9) 주요 사업

IFLA는 다음과 같은 사업을 적극적으로 추진하고 있다.

① ALP(Action for Development through Libraries Programme)

　도서관 프로그램을 통한 개발을 위한 활동 사업

② PAC(Preservation and Conservation)

　기록물 보존과 보호 유지를 위한 활동 사업

③ ICABS(IFLA - CDNL Alliance for Bibliographic Standards)

　IFLA와 CDNL 연합 도서목록 표준화 활동 사업

② 정보원

1) 정보원배포정책

'IFLA Publications'와 'Electronic Collections'를 통하여 IFLA에서 보유하고 있는 모든 종류의 자료와 기록들을 볼 수 있다. IFLA 회원의 관련 정보원을 찾을 수 있는 유용한 사이트도 링크하여 제공하고 있다.

2) 출판물(Publications)

다음 목록은 IFLA의 대표 출판물들이다.

• *Corporate Documents*

IFLA 연간회의의 보고서(2000년~2002년, 2004년)를 온라인 상에서 열람할 수 있다.

- ***IFLA Journal***

  1년에 4회 발간되는 IFLA의 정기간행물로서 1993년 자료부터 온라인상에서 열람 가능하다.

- ***International Cataloguing and Bibliographic Control(ICBC) Journal***

  1년에 4번 출간되는 정기간행물로서 전자우편(wwss@wwss.-demon.co.uk)으로 주문하여 구독 가능하다.

- ***Section Newsletters***

  국가도서관(National Libraries), 사회과학도서관(Social Science Libraries), 공공도서관(Public Libraries), 장애인도서관(Libraries Serving Disadvantaged Persons), 서지(Bibliography), 목록(Cataloguing), 희귀서와 수필본(Rare Books and Manuscripts), 지리 및 지역역사(Genealogy and Local History), 도서관협회관리(Management of Library Associations), 정보리터러시(Information Literacy), 도서관역사(Library History) 등과 같은 44개 분류 중 원하는 관심 분야에 등록 가능하며, 연간회비를 내는 회원에게 뉴스레터(newsletter)를 제공한다. 그중 보존과 보호(Preservation and Conservation), 도서관과 의회 연구서비스(Library and Research Services for Parliaments), 어린이 · 청소년도서관(Libraries for Children and Young Adults)과 학교도서관 및 자원센터(School Libraries and Resource Centers)는 각각 2003년, 2004년, 2005년과 2006년에 'IFLA Best Newsletter'상을 수상하였다.

- ***Core Activities Newsletters***

  상술한 보존과 보호(PAC) 사업관련 뉴스레터이다.

• ***IFLA Professional Reports***

IFLA의 전문보고서로서 온라인상에서 신청하면 유료로 자료
를 받을 수 있다.

• ***Conference Proceedings***

IFLA 회의의 목차, 주제, 장소, 발표문 등에 관한 모든 사항
을 홈페이지상에서 열람할 수 있다.

• ***IFLA Publications Series***

IFLA의 출판물시리즈로서 목록검색이 가능하며, 유료로 주문
하여 열람할 수 있다.

3) 전자장서(Electronic Collections)

이는 전자매체 자료와 기록들로서, 다음과 같은 주제별로 유용
한 홈페이지의 링크를 제공하고 있다.

• ***Library & Information Science***

• ***Digital Libraries***

  Electronic Text & Journal Archives 등을 포함한다.

• ***Government Information and Official Publications Resources***

• ***Internet & Networking***

  Software Archives 등을 포함한다.

IIC

International Institute of Communications

국제방송통신기구

① 기구

1) 소재지

주　　소　　International Institute of Communications Regent
　　　　　　House, 24－25 Nutford Place, London W1H 5YN
전　　화　　＋44(020) 7723 7210
팩　　스　　＋44(020) 7723 6982
홈페이지　　http://www.iicom.org/index.htm

2) 설립연혁

1960년 UNESCO(United Nations Educational, Scientific and Cultural Organization: 국제연합교육과학문화기구) 모임에서 IBI (International Broadcasting Institute: 세계방송기구)의 설립을 논의하기 시작하여 1966년 이탈리아에서 기능과 조직에 관한 회의가 열렸으며, 1967년 IBI가 설립되었다. 1969년 이탈리아 로마에 사무실을 열었다가 1971년 런던으로 옮겼으며, 1977년 1월 현재의 명칭으로 변경하였다.

3) 설립목적 및 기능

국제방송통신기구(IIC)는 새로운 방송기술의 경제적·법률적 제반 문제 연구, 방송이 사회에 미치는 효과에 관한 연구, 개발도상국들의 방송기관에 대한 원조조언, 방송과 교육 문제에 관한 연구, 프로그램 교환을 위한 국제적 방송도서관 설립, 정기간행물 *Intermedia* 출판 등 폭넓은 활동을 펴고 있다.

기관으로 회장, 행정위원회, 사무국 등이 있으며 세계 각 지역의 활동을 지원 모니터한다.

4) 회원국

회원에는 정회원, 찬조회원, 기부회원, 명예회원 등이 있다. 정회원은 각국의 방송인, 사회과학자, 저널리스트로 한정한다. 2007년 현재 70개국이 회원으로 등록되어 있다.

5) 한국과의 관계

한국은 KBS(Korean Broadcasting System: 한국방송공사)가 회원으로 가입하였다.

2 정보원

1) 정보배포정책

방송통신에 관한 정보를 게재하고 있으며, 이메일 또는 정규 우편을 통해 회원제로 운영되고 있다.

2) 정기간행물

- ***Intermedia***

연 5회 간행하는 정기간행물로서 보다 넓은 스펙트럼으로 언론인을 대상으로 출판되고 있다.

3) 회의기록문

'Annual Conference' 섹션에서 매년 열리는 컨퍼런스의 내용을 볼 수 있도록 했다. 자료는 2004년도 내용부터 있으며, 이전 자료에 대한 요청은 이메일로 가능하다.

IMC
International Music Council
국제음악협회

① 기구

1) 소재지

주 소	International Music Council 1, rue Miollis 75732 Paris Cedex 15, France
전 화	0033 1 45 68 48 51
팩 스	0033 1 43 06 87 98
전자우편	imc@unesco.org
홈페이지	http://www.unesco.org/imc

2) 설립연혁

국제음악협회(IMC)는 1949년 유네스코에서 직접 설립한 단체로, 유네스코에서의 음악관련 부분을 담당하고 있다. 파리에 있는 유네스코 본부에 기반을 두고 있으며, 협력관계를 유지하고 있다. 지난 50년간 모든 종류의 음악 발전에 기여하고 각국 정부 및 기업지원을 요청하여 다양한 음악 분야의 질 향상을 꾀하기 위해 만들어졌다.

3) 설립목적 및 기능

IMC는 국제적인 네트워크로서 다양한 음악의 발전에 기여하기 위해 설립되었다. 회원국의 음악 발전을 위해 교육, 의사소통, 기회 창출을 통해 많은 사람들이 문화활동에 원활히 참여할 수 있도록 돕는다. 세계 5개 지역, 아시아, 아랍, 미주, 유럽, 아프리카에 지부를 두고 음악활동을 하고 있다.

4) 회원국

76개국이 회원으로 가입되어 있으며, 2년에 한 번 총회를 개최해 12명의 상임위원을 선정하고 지식과 경험으로 음악 발전을 위해 노력한다.

5) 한국과의 관계

우리나라는 1958년에 가입하여 회원으로 활동 중이다.

② 정보원

1) 정보배포정책

연구보고서 및 단행본은 홈페이지상에서 볼 수 없으나, 이메일을 통해 열람이 가능한 자료인지의 문의는 가능하다. 뉴스만 볼 수 있으며, 정기간행물은 회원에 한해서 우편을 통해 받을 수 있다.

2) 정기간행물

• IMC News Bulletin

일 년에 한 번 간행되는 IMC의 정기간행물로서 각종 음악관
련 뉴스들을 게재하고 있다. 2003년 자료부터 홈페이지상에
서 볼 수 있으며, PDF 파일로 무료로 열람할 수 있다.

• Resonance

일 년에 두 번 간행되는 간행물로서 홈페이지상에서 열람할
수는 없으며, 회원만 정규 우편으로 받아 볼 수 있다. 각 국
가의 음악 관련 법, 교육에 관한 심도 있는 사설을 포하고
있다.

3) 단행본

• International Music Council 1949∼1991(1991)(Spanish Vion
Pblished in 1993 by the Spanish Music Council)
• Les Très Riches Heures de la Musique en Afrique
(By Former IMC President Lupwishi Mbuyamba, Published
by the Royal Swedish Academy of Music, 1991)
• La Música en un Mundo en Crisis: Hacia el Siglo X
Papers Presented at the Symposium of the VIth TRIMALCA
(Published by the Argentinian Music Council, 1993)
• Asian and Western Mutual Musical Influence
Papers Presented at a Symposium Held in Conjunction With
the IMC General Assembly in Seoul, Korea 1995(1995)
• Ⅶ TRIMALCA Seminario

Papers Presented at the Symposium of the Ⅶth TRIMALCA, Ibagué, Colombia

(Published by the Colombian Music Council, 1995)

* *Rhythmic Music Education: Jazz, Rock, World Music*
Papers Presented at an IMC Congress in Copenhagen, July 1996(Published by the Danish Music Council, 1996)

* *La formación del Músico Profesional en América Latina*
Papers Presented at an IMC – ISME Seminar Held in Salvador de Bahia, 1997(1997)

* *Music for the 3rd Millennium*
Commissioned to Frans Evers by the IMC
Published by the Royal Conservatory The Hague, 1998

* *Young Performers' Careers*
(By Frans Wolfkamp. Summary of a Study Commissioned to the IMC by UNESCO Bergen, 1998)

* *Creativity and Innovation in Tomorrow's Music*
(A Compendium of Papers Presented at the International Conference Held in Conjunction With the 28th General Assembly of the International Music Council, Petra, Jordan, September 22 – 25 1999)
(Published With the Financial Support of the Noor Al Hussein Foundation, The National Music Conservatory. In English, 1999)

* *Women and Musical Creation*
Papers Presented at a Conference Organised by the International

Music Council and the Documentation Centre for Contemporary Music
UNESCO,(1996, ISBN: 2－9516443－5 Published with the Financial Support of UNESCO. In English and French.)
- *CALL FOR ACTION: The Role of Community Music Schools in Promoting Intercultural Music Education (Published by the IMC, December 2000)*
- *Music and Globalisation: A Guide to the Issues (Commissioned to Simon Mundy by the International Music Council. Paris, 2001 In English, French and Spanish under a Single Cover.)*
- *Panamerican Forum on Music Education (Papers Presented at the Symposium of the VIIIth TRIMALCA, Mexico City, 2002)*
- *Many Musics Conference (Papers Presented at the Conference Held in Conjunction With the IMC General Assembly, Montevideo, October 2003)*
- *Guide to Pan－African Cultural Markets, Professional Networks, and Resource Institutions(2002)*

International PEN

International Association of Poets, Playwrights, Editors, Essayists and Novelists

국제펜클럽

1 기구

1) 소재지

주　　소	International PEN, Brownlow House, 50/51 High Holborn, London, WC1V 6ER
전　　화	+ 44(0) 20 7405 0338
팩　　스	+ 44(0) 20 7405 0339
전자우편	info@internationalpen.org.uk
홈페이지	http://www.internationalpen.org.uk

2) 설립연혁

국제펜클럽(PEN)은 시인(poet)·극작가(playwright)의 P, 수필가(essayist)·편집자(editor)의 E, 소설가(novelist)의 N을 가리키며, 전체로 펜(pen)을 의미한다. 영국 소설가 C. A. 도손 스콧(C. A. Dawson Scott)의 제창에 따라 1921년 존 골즈워디(John Galsworthy)가 중심이 되어 영국 펜클럽이 발족하였고,

이어 A. 프랑스의 호응으로 프랑스 펜클럽이 결성되어 이후 각 국에 보급되었다.

3) 설립목적 및 기능

지식의 교류와 세계 작가들의 친목을 도모하는 일 외에도 PEN 헌장에 따라 문필생활에서 정치·사상·신앙 차별을 부정하고 자유를 증진시키려고 노력한다. 정부로부터 고통받고 박해당하는 작가들을 보호·후원하는 데 적극적인 태도를 보이며 그동안 소외된 나라의 언어로 된 작품들을 번역하여 소개하는 작업을 후원한다. 문학상을 수여하고 정치·문학적인 주제로 회의를 열며 회보와 팸플릿을 발간한다.

4) 회원국

현재 전 세계 91개국에 130개 지부가 있다

5) 한국과의 관계

한국은 1954년에 가입하였고, 1970년의 제37회와 1988년의 제55회 세계대회를 서울특별시에서 개최하였다. 특히 문학의 영원성과 가변성이라는 주제로 열린 제55회 서울대회 때는 100여 개국 대표가 참가하였다.

② 정보원

1) 정보배포정책

뉴스, *PEN International Magazine*, 사설로 나누어져 있고, 모든 자료들은 무료로 열람할 수 있으며, PDF 파일로 저장되어 있다. 일부는 프랑스어, 스페인어 지원도 가능하다.

2) 뉴스 및 보도자료

• *Newsletter*
최신 뉴스와 보관된 뉴스로 나누어져 있어 2004년 자료부터 검색이 가능하다. 최근 문학계의 동향, 문학가, 행사자료 등을 게재하고 있으며, 자료들은 PDF 파일로 저장되어 있다.

3) 정기간행물

• *PEN International Magazine*
International PEN의 공식 간행물로서 작가들의 시, 소설, 사설 등이 영어로 소개되어 있다. 온라인상에서는 2006년 발행본만 다운로드할 수 있으며, 이전 호의 발행본을 원할 시에는 이메일 문의가 필요하다.

4) 사설 및 연구보고서

2003년도 자료부터 검색이 가능하다. 문서는 모두 PDF 파일로 저장되어 있으며, 각 회원국 이름별로 정리되어 있다.

- *CUBA: Independent Journalist given 15 - month Sentence after being Detained Wthout Charges for More than a Year(2007)*
- *ETHIOPIA: Four Editors and Two Academics Released Following Presidential Pardon; 14 other Journalists Remain in Danger(2007)*
- *IRAN: Iranian Kurdish Journalist Mohammad Sadiq Kabudvand Detained; Fears of Ill Treatment(2007)*
- *Azerbaijan: Continuing Persecution of Journalist Eynulla Fatullayev Highlights Deteriorating Situation for Writers(2007)*
- *Le 73e Congrès de Pen International Réclame l'abrogation des Lois Criminalisant la Diffamation et Demande que Soit Honorée la Protection des Droits Linguistiques(2007)*
- *CHINA: Fears of Ill Treatment of Internet Journalist Guo Qizhen(2007)*
- *RUSSIA: Journalist Vladimir Chugunov Conditionally Released (2007)*
- *IRAN: Imprisoned Economic Journalist Ali Farahbakhsh Seriously Ill(2007)*
- *GAMBIA: Journalist Lamin Fatty Convicted of "Publishing False News"(2007)*
- *VIETNAM: Writer Nguyen Vu Binh released Under Amnesty Following International Pressure(2007)*
- *MYANMAR: Detention Order of Daw Aung San Suu Kyi(f), Leader of the National League for Democracy(NLD) and Writer, Renewed for a Fourth Consecutive Year(2007)*

- *VIETNAM: Writer Nguyen Vu Binh Released under Amnesty Following International Pressure(2007)*
- *PALESTINE: Journalist Suleiman Abdul Rahim Al−Ashi Killed; Grave Concerns for the Safety of Journalists in Gaza(2007)*
- *VIETNAM: Internet Writer and Human Rights Lawyer Tran Quoc Hien Sentenced(2007)*
- *Azerbaijan: Journalist Eynulla Fatullayev Sentenced to 2 ½ Years in Prison and Faces Further Charges(2007)*
- *China: Dissident Writer and Independent Chinese PEN Member (ICPC) Detained(2006)*
- *Uzbekistan: Two Journalists Deprived of Freedom, One at a Psychiatric Hospital and the Other at Prison(2006)*
- *Report from Trieste PEN(2006)*
- *Gambia: Journalist into Fourth Month of Illegal Custody(2006)*
- *September Newsletter from the Women Writers Committee(2006)*
- *Mexico: Author Threatened, Arrested and Charged With "Defamation"(2005)*
- *China: Health of Journalist, Poet and Dissident Writer Shi Tao Deteriorates(2005)*
- *Afghanistan: Editor Ali Mohaqiq Nasab's Sentence Reduced on Appeal to Six Months in Prison(2005)*
- *Iraq: Writer Kamal Sayid Qadir Detained Incommunicado(2005)*
- *Ethiopia: Journalists Sentenced Amid Clampdown on Independent Press(2005)*
- *Statement on the Trial of Orhan Pamuk(2005)*

• *Pen Observers Describe Ugly and Violent Scenes at Orhan Pamuk Trial(2005)*

IOV

International Organization of Folk Arts

국제민간문화예술교류협회

① 기구

1) 소재지

주　　소　Sportplatzstraße 10, A – 4770 Andorf, Austria
전　　화　＋ 43 – 7766 – 41080
팩　　스　＋ 43 – 7766 – 41080
전자우편　http://www.iovworld.org/contactus.asp
홈페이지　http://www.iovworld.org

2) 설립연혁

국제민간문화예술교류협회(IOV)는 1979년 벨기에 우스트로제
베크에서 설립되어 현재 기구는 오스트리아의 비엔나에, 사무
국은 마리아 엔제르스도프에 위치하고 있다. 1983년 IOV는
UNESCO에 의해 C등급으로 인정되었고, UN 산하기구로 가입
되었다. 1990년 134번째 회의에서 UNESCO 이사회에 의해 B
등급으로 승격되었다. UNESCO의 새 지침에 따르면, IOV는
1997년 1월 이래로 UN의 공식적인 산하기구로서 유지하게 되

었다.

3) 설립목적 및 기능

풍요로운 전통 민족문화는 인류의 행복을 반영한다. 이는 인류가 평화와 안전 속에서 공존할 수 있음을 의미하고 있으며, 그것은 창의성, 사회적 책임감과 자선을 양성하며 문화 주체성의 표현을 의미하는 것이다. 타민족의 역사와 문화에 대한 이해는 편견을 줄이고, 이해를 증진시키며 세계평화를 구축하고 유지하는 데 도움을 주기 때문에 IOV는 이러한 목적을 달성하기 위해 설립된 것이다.

4) 회원국

현재, 185개 국가가 회원으로 활동하고 있다. 구조상의 변화와 자원봉사 회비를 내지 않는 선진국의 312명 회원들의 탈퇴로 인하여, IOV 회원들은 1999년 9월 1일자에 따라 다음 총 회원 수를 갖는다. 실제적으로나 조직적으로 또는 과학적으로 전통 민속 문화예술에 관여하는 개개인뿐만 아니라 각 학회, 협회, 박물관, 대학, 재단, 단체, 조합, 사업체들, 다른 사회 기관들, 그리고 민간예술과 관련된 비정부기관 및 공공기관들 등 907명으로 이루어져 있다. 국제적 전통 민속 문화예술제 및 축제 협회들이다.

- 개별적 회원들 – 전문가, 주최자 그리고 기술 고문들: 1,979명
- 총 회원 수: 3,192명

  IOV는 191개국과 187개 국제적 UNESCO 위원회들과 철저

한 교류 및 관련 업무를 충실히 수행하고 있다.

5) 한국과의 관계

한국은 1994년 비준하게 되어 본국에 지부를 설립해 활동하고
있다.

② 정보원

1) 정보배포정책

문화관련 자료들을 파일, 동영상, 오디오 파일로 볼 수 있으며,
일부는 유료이다. 이메일 가입 시 E-NEWS를 받아 볼 수 있다.

2) 행사자료

- *2005 IOV World Congress in Andong(2006/02)*
- *The World of IOV 2/2000(2000/12)*
- *2000 International Year for a Culture of Peace(no. 6 - 7)*
  (2000/01)
- *International Commission on Traditional Clothing(no. 5)*
  (1999/08)

3) 단행본

- *Collection of Research Papers of Oksana Mikitenko(2006/06)*

- *Proceedings of the Dance Seminar in Evosmos － Thessalonica, under Auspices of IOV(2006/03)*
- *Faces of the World － Intercultural Learning in Images(2006/12)*
- *Kibris Halkdanslarinin Yakin Gecmisi(2006/11)*
- *Op Roakeldais 40th Anniversary(2005/04)*
- *Proceedings of the 3rd Symposium(Workshop) on Dance Research(2005/03)*
- *2003 Asia － Pacific Traditional Arts Festival Collection Book (2004/05)*
- *Proceedings of the 2nd Symposium on Dance Research(2004/01)*
- *Proceedings of the 3rd Symposium on Dance Research, under Auspices of IOV(2003/12)*
- *International Organization of Folk Art(IOV)(no.1 － 4)*

4) 비디오 자료

- *Taiwan World Culture Showcase V － 2006 DD World Music Festival(2007/4)*

IRMT

International Records Management Trust

국제기록관리신탁

① 기구

1) 소재사항

소재국가   영국
주   소   4th floor, 7 Hatton Garden, London EC1 8AD UK
전   화   +44 20 7831 4101
팩   스   +44 20 7831 6303
전자우편   info@irmt.org
홈페이지   http://www.irmt.org

2) 성격

국제기록관리신탁(IRMT)은 영국에 등록된 신탁위원회에 의해 운영되는 기부단체로서 민주주의 정신을 기본으로 하는 공공기관의 기록물관리를 위한 기구이다.

3) 설립연혁

IRMT는 1989년 공공기관 기록관리를 위한 새로운 전략을 개발하기 위해 설립되었다. 현재 영국 런던에 본부를 두고 있으며, 전 세계적으로 다양한 프로젝트를 진행 중이다.

4) 조직

IRMT는 영국 런던 본부를 기반으로 보츠와나, 영국, 캐나다, 케냐, 우간다, 가나, 짐바브웨, 홍콩, 코먼웰스국가들, 탄자니아 등지의 컨설턴트들을 중심으로 구성되어 있다. 공공기관, 사기업, 연구소 등의 경력이 있는 60명 이상의 전문 컨설턴트들이 일하고 있다. 한편 공공부문 기관들, 국제기관들, 전문협회들, 자문기관들, 학술기관들 및 NGO들과 함께 파트너십을 이루고 있다.

5) 주요 사업

IRMT는 크게 세 가지 사업영역이 있으며, 다음과 같다.

① 컨설턴트 서비스(Consultancy Services)

IRMT는 기록정책, 시스템, 시설 등과 관련하여 지역정책입안자들과 기록전문가들이 효과적이고 지속 가능한 법적/규제적 체계를 개발하는 일을 도와준다. 이와 관련하여 지금까지 25여 개국에서 성공적인 프로젝트를 수행했다.

② 교육(Education Training)

실제적인 경험을 바탕으로 한 연구사업 및 이론적 배경을 근거로 하는 교육 프로그램을 제공하고 있다. 실제 IRMT의 교육 프로그램은 다음과 같은 두 가지 문제점을 보완하기 위해 개발되었다.

- 세계 많은 국가들에서의 기록과 기록관 경영을 위한 적합한 교육자료 및 관련 수업의 부족
- 변화하고 있는 공공 분야 환경에서의 새로운 전문 기술의 필요

③ 개발연구(Development Research)

이는 IRMT가 제공하는 연구프로그램으로 정부에서 기록과 정보에 관해 시민들과의 관계에 있어 확실한 유기성을 가지고 움직일 수 있도록 도와준다.

6) 서비스

이는 IRMT 사업영역 중의 하나인 컨설턴트서비스로서 60여 명의 전문가로 이루어진 컨설턴트팀에 의하여 제공된다. 컨설턴트팀은 다음과 같은 영역에 대한 전문지식을 보유하고 있다.

① 정보 및 기록관리
② 정보기술
③ 변화관리
④ 건강, 법, 토지, 인간자원 및 재정정보 시스템
⑤ 역량강화 및 전문성 개발

② 정보원

1) 정보원배포정책

'Development Research', 'Education Training', 'News'와 'Download Center'에서 보도자료 및 프로젝트 결과물, 현재 진행 중인 연구자료, 동영상 등을 제공받을 수 있다. 특히 'Development Research'와 'Education Training'에 있는 정보는 'Download Center'에 다시 정리되어 있으며, PDF로 열람 가능하다.

2) 보도자료(News)

보도자료를 원문 그대로 제공하고 있다. 대표적인 목록은 다음과 같다.

- *Fostering Trust and Transparency in Governance: Investigating and Addressing the Requirements for Building Integrity in Public Sector Information Systems in the ICT Environment*
- *Integrating Records Management Requirements into Financial Management Information Systems(IFMIS)*
- *Records Management Capacity Assessment System Software Available Online Free of Charge*
- *Case Studies on Managing Records and Information Systems Now Available Free of Charge*
- *Records Management Training Material is Available Without Charge*
- *International Records Management Trust: New Website*

3) 다운로드센터(Download Center)

위의 보도자료 외에도 주요 사업과 관련한 도큐먼트나 동영상
을 제공하고 있다. 모든 도큐먼트는 PDF로 열람이 가능하다.

① 정부 도큐먼트(Governance Documents)

- *Memorandum and Articles of Association*
- *Certificate of Incorporation*
- *Accord of Agreement on the Management of Modern Records*
- *Annual Report 2005 to 2006*
- *Financial Statement 2004~2006*

② 컨설턴트 서비스 정보원(Consultancy Services)

- *Empowering Civil Society through Access to Information*
- *Managing Financial Information*
- *Building a Records Profession*
- *Decentralising Government Information*
- *Protecting and Preserving Electronic Information*
- *Strengthening Health Care with Patient-Based Information*
- *Managing Human Resource Information*
- *Strengthening Information for Safety, Security and Accessible Justice*
- *Accessing Land Information*
- *Developing a National Strategy for Records and Information Management*

③ 교육 정보원(Education and Training)

　　㉠ Courses. IRMT의 교육과정에 대한 안내서이다.

　　　　• *RIPA Courses*

　　　　• *PAI Study Programmes*

　　㉡ MPSR Study Programme. 공공부문기록관리(MPSR: Mana
　　　ging Public Sector Records) 교육관련 출판물이다.

　　　　• *MPSR Introduction to the Study Programme*

　　　　• *The Management of Public Sector Records: Principles
　　　　 and Context*

　　　　• *Organising and Controlling Current Records*

　　　　• *Analysing Business Systems*

　　　　• *Managing Archives*

　　　　• *Preserving Records*

　　　　• *Emergency Planning for Records and Archives Services*

　　　　• *Developing the Infrastructure for Records and Archives
　　　　 Services*

　　　　• *Managing Resources for Records and Archives Services*

　　　　• *Strategic Planning for Records and Archives Services*

　　　　• *Building Records Appraisal Systems*

　　　　• *Understanding Computer Systems: An Overview for
　　　　 Records and Archives Staff*

　　　　• *Automating Records Services*

　　　　• *Managing Electronic Records*

　　　　• *Managing Financial Records*

　　　　• *Managing Hospital Records*

210

- *Managing Legal Records*
- *Managing Personnel Records*
- *Managing Current Records: A Procedures Manual*
- *Restructuring Current Records Systems: A Procedures Manual*
- *Managing Records in Record Centres*
- *Managing Records Centres: A Procedures Manual*
- *Managing Archives: A Procedures Manual*
- *Planning for Emergencies: A Procedures Manual*
- *Model Records and Archives Law*
- *Model Scheme of Service*

ⓒ Educators. 교육관련 자료들이다.

- *Introduction to The Management of Public Sector Records Study Programme*
- *Glossary of Terms*
- *Additional Resources for Records and Archives Management*(Bibliography)
- *Educators' Resource Kit*
- *Writing Case Studies: A Manual*

④ 개발연구정보원(Development Research)

㉠ Research Projects. 연구프로젝트 보고서이다.

- *Personnel Records: A Strategic Resource for Public Sector Management* (1998)
- *From Accounting to Accountability: Managing Accounting Records as a Strategic Resource*(1999)

ⓛ Evidence Based Government Project. 각국 정부 프로젝
트 관련 정보원이다.

ⓐ Case Studies and Assessment Tools

· *Case Studies(Financial, Personnel or Legal and Judicial)*

· *Assessment Tool for Legal and Judicial Records and Information Systems*

· *Records Management Capacity Assessment System-(RMCAS) − Presentation*

· *RMCAS 1.0(Records Management Capacity Assessment System)*

· *RMCAS User Guide*

· *e − Records Readiness Assessment Tool*

ⓑ Global Forum Electronic Discussions

· *Information Technology, Electronic Records, and Record Keeping*

· *Financial Management Reform and Record Keeping*

· *Legal and Judicial Reform and Record Keeping*

· *Public Sector Reform and Record Keeping*

ⓒ Electronic Government and Electronic Records

· *Background Paper "Electronic Goverment and Electronic Records: E − Records Readiness Capacity Building"*

· *E − Discussion Summary Report*

· *Government and Information Management, by Andy*

Lipchak

· *Week 1 E－Discussion Summary*

ⓓ Guide to Integrating Records Management Require-
ments into Financial Management Information
Systems(FMIS) Project

· *Guide for Integrating Records Management Require-
ments into Financial Management Information
Systems(FMIS)*

ISCM

International Society for Contemporary Music

국제현대음악협회

1 기구

1) 소재지

주   소 ISCM Secretariat c/o Gaudeamus Piet Heinkade 5
         1019 BR Amsterdam The Netherlands
전   화 +31 - 20 - 5191800
팩   스 +31 - 20 - 5191801
전자우편 info@iscm.org
홈페이지 http://www.iscm.org

2) 설립연혁

국제현대음악협회(ISCM)는 1922년 오스트리아 잘츠부르크에서 20개국이 참가하여 설립한 음악협회이다. 영국 음악학자인 E. J. 덴트가 회장에 취임하고, 1923년부터 본부를 런던에 두었다.

3) 설립목적 및 기능

국적, 민족, 미학상 주장, 정치적 의견, 종교상 견해 차이를 불문하고 진실한 가치를 지닌 현대 작곡가의 작품을 세계에 알리는 것이 목적이다. 이를 위해 해마다 장소를 바꾸어 국제현대음악제를 개최한다.

여러 참가국에서 제출한 작품 가운데 25~30곡을 선정하여 연주하는데, 유명한 현대 작곡가들의 작품들이 대부분 이 음악제를 통해 소개되었다. 본부는 회장 출신국에 두며 해마다 세계음악제 유치국에서 총회를 연다.

4) 회원국

세계적으로 50여 개국이 회원으로 가입되어 있다.

5) 한국과의 관계

한국은 1971년에 회원으로 가입하였으며 1984년에는 강석희가 협회부위원장으로 선출되었다. 1970년대 이후 김정길, 이만방, 진은숙 등 10여 명이 세계음악제에서 입선한 성과가 있다. 1997년 9월 26일에는 서울에서 세계음악제를 개최하기도 했다.

② 정보원

1) 정보배포정책

ISCM은 정기간행물, 연보, 회의자료 등을 제공하고 있으며, 기록물(Archive)과 연보는 무료로 PDF 파일로 온라인상에서 열

람할 수 있다. 다만 *World New Music Magazine*은 문의가 필
요하며, 회원 가입 절차를 필요로 하고 있다.

2) 정기간행물

- ***World New Music Magazine***

  정식 ISCM 간행물로서 현대음악에 대한 새로운 경향을 볼
  수 있으며, 세계 현대음악의 현 위치를 파악할 수 있는 간행
  물이다. 일부는 PDF 파일로 무료로 온라인상에서 볼 수 있
  지만, 전체를 보기 위해서는 이메일로 문의해야 한다.

- ***ISCM Newsletter***

  ISCM의 뉴스를 볼 수 있으며, 온라인상에서 무료로 볼 수
  있으나, 이메일로 회원가입을 했을 경우에는 개별적으로 받
  을 수 있다.

3) General Assembly Minutes

매년 개최되는 정기 총회의 회의기록문이며, 1995년 자료부터
PDF 파일로 볼 수 있다.

- ***Minutes of the General Assembly of the ISCM Stuttgart 2006***
- ***Minutes of ISCM Executive Committee Meeting in Vienna 2006***
- ***Minutes of ISCM Executive Committee Meeting in Oslo 2005***
- ***Minutes of the General Assembly of the ISCM Zagreb 2005***
- ***Minutes of the General Assembly of the ISCM Switzerland 2004***

- *Minutes of the General Assembly of the ISCM Ljubljana 2003*
- *Minutes of the General Assembly of the ISCM Hong Kong 2002*
- *Minutes of the General Assembly of the ISCM Yokohoma 2001*
- *General Assembly and Report*

4) 연보

2004년도 연보부터 열람할 수 있으며, 각 나라별로 분류해서 제공하고 있으므로 각국의 활동 및 행사를 볼 수 있다.

ITI
International Theatre Institute
국제연극기구

☐ 기구

1) 소재지

주 소	International Theatre Institute UNESCO, 1 rue Miollis 75732 PARIS CEDEX 15 FRANCE
전 화	+33 1 45 68 48 80
팩 스	+33 1 45 66 50 40
전자우편	iti@unesco.org
홈페이지	http://www.iti－worldwide.org

2) 설립연혁

국제연극기구(ITI)는 1948년 6월 28일 체코 프라하에서 UNESCO (United Nations Educational Scientific and Cultural Organization: 국제연합교육과학문화기구)의 후원으로 창설되었다. 세계 최대 의 국제연극기구로 연극, 무용, 음악극 등 공연예술 전반에 걸 친 대표적 예술가와 예술단체들이 가입하고 있다.

3) 설립목적

ITI는 국제적으로 연극예술에 관한 정보를 교환하고 연극인들의 창작 의식을 북돋아 연극예술을 발전시켜 국제간의 이해를 높이는 데 목적이 있다.

주요 활동은 세계연극제 및 심포지엄을 개최하고 '세계연극의 날(3월 27일)'을 기념하며, 매년 3명에게 장학금을 지급한다.

2년에 한 번씩 홀수 해마다 각 회원국을 돌며 총회를 개최하고 사업방향 및 다른 국제기구와의 협력방안을 논의한다. 춤, 극음악, 연극교육, 통신, 문화, 발전, 극작가 등의 7개 분과가 있다. 총회에는 17개국으로 구성된 집행위원회를 비롯하여 각 회원국 대표들이 참석하며 세계 공연 예술 축제가 함께 열린다.

4) 회원국

2007년 현재 90개국이 가입되어 있다.

5) 한국과의 관계

한국은 1958년에 가입하여 이듬해 헬싱키대회 때 처음으로 참가하였으며, 제5차 제3세계 연극제를 개최한 1981년부터 집행위원회의 일원이 되었다. 1985년 국제연극기구 한국본부가 창립되어 한국의 극예술을 전 세계에 소개하고 미수교 국가들과도 예술교류활동을 하고 있다. 1995년 카라카스 총회에서 연출가 김정옥(金正鈺)이 아시아에서는 처음으로 회장에 추대되었다. 1997년 제27차 총회가 서울에서 개최되었으며, 27개국에서

110여 작품이 참가한 세계연극제가 아시아에서 최초로 열렸다.

② 정보원

1) 정보배포정책

정기간행물 중 *World of Theatre*와 *ITI News*(English)는 무료로 홈페이지에서 다운로드하여 워드파일로 볼 수 있다. 다만 단행본들은 각 지역별로 구입 가능하고, 웹상의 열람은 불가능하다. 구입을 원할 시에는 각 지역별 ITI 지부에 문의해야 한다.

2) 정기간행물

- ***World of Theatre***
  2년마다 간행되는 정기간행물로서 방글라데시 센터에서 발행되며 2000년도와 2003년도 책자는 영국 Routledge에서 받아볼 수 있다.
- ***ITI News(English)***
  2개월마다 발행되는 간행물로 ITI 관련 소식을 볼 수 있다. 워드파일로 볼 수 있다.

3) 단행본

- ***NEWS from the ITI SECRETARIAT***
- ***The World of Theatre(2000)***
- ***Le Monde du Théâtre***

220

- *The World Theatre Directory*
- *Review of Theatre Periodicals*
- *Information on New Plays*
- *World Encyclopaedia of Contemporary Theatre*
- *Korean Performing Arts 1997*
- *Korean ITI 1958 – 1998*
- *Aids on Stage, ITI Papers One*
- *Theatre Forum Report 2003: New Theatre, New Writing?*
- *Theatre Forum Report 2004: Making Theatre Strategies Work*
- *NEUE DRAMEN – Osteuropäisches Theater*
- *Le Centre Belge de l'IIT, en la Personne de René Hainaux, a Edité la Revue "Le Théâtre Dans le Monde/World Theatre" de 1950 à 1968*
- *Aujourd'hui, il Est Editeur, en la Personne de Nicole Leclercq de "L'Annuaire Mondial du Théâtre/World Theatre Directory"*
- *Memorias I Foro "Artistas del Mundo por la Paz"*
- *Compendio Coloquio "África en la Memoria de América"*
- *The Series Mansions*
- *Theatre in Cyprus*
- *International Symposium on Ancient Greek*
- *Drama*
- *Czech Theatre*
- *Information Service*
- *"Six Scenographs in Prague"*

PARBICA

Pacific Regional Branch International Council on Archives

국제아카이브스협의회태평양지역위원회

① 기구

1) 소재사항

소재국가	호주
주　　소	University of New South Wales, Sydney, NSW 2052 Australia
전　　화	+61 2 9385 2906
팩　　스	+61 2 9385 1228
전자우편	k.brennan@unsw.edu.au
홈페이지	http://www.parbica.org

2) 성격

국제아카이브스협의회태평양지역위원회(PARBICA)는 국제아카
이브스협의회(ICA: International Council on Archives)의 13개
지역위원회 중 가장 다양하고 가장 큰 지역인 태평양지역의 기
록 및 기록보존 관련 기능을 수행하는 위원회이다.

3) 설립연혁

PARBICA는 호주, 하와이, 뉴질랜드를 포함한 북태평양과 남태평양의 21개국 이상의 국가기록관, 비정부기록관 연구소 및 협회, 개인회원을 대표하는 전문기구로서 1981년에 설립되었다.

4) 설립목적

① 지역 내 기록전문가(archivist)들, 그리고 기록관의 감독 및 행정에 관한 연구소와 전문기관들 간의 관계 형성, 유지, 강화
② 지역의 기록유산 보호 및 보존 촉진
③ 대중교육과 향상된 접근을 통한 기록 이용 장려
④ 기록보존 관련 활동 형성 및 격려
⑤ 공식적이거나 비공식적인 전문교육 제공 및 지원
⑥ 인간과 자연역사를 문서화하는 다른 기관들과 협력

5) 조직

PARBICA는 회장, 부회장, 총장, 회계담당, 편집장으로 구성된 사무국에 의해 경영된다.

6) 주요 사업

① 굿거버넌스(Good Governance)를 위한 기록보존: 굿거버넌스를 위한 향상된 기록보존 지원에 관한 지침서 및 안내서 개발

② 교육: 태평양지역 기록관과 기록전문가들에게 정보가 전달
되도록 교육 프로그램 장려 및 교육 제공

③ 태평양 기록선집(記錄選集, Pacific Archives Reader): 역사
적 기록들과 새로운 기록들을 함께 모을 수 있도록 편찬 및
출판

④ 기록관련 프로젝트 활동

2 정보원

1) 정보원배포정책

'News'에서는 PARBICA의 각종 보도내용을 제공하고 있으며,
'Publications and Reports'에서는 PARBICA의 출판물이나 보
고서들을 탑재해 놓아 언제나 열람 가능하다.

2) 보도자료(News)

다음은 PARBICA의 대표적인 보도내용이다.

- *American Samoa Office of Archives and Records Manage-
ment*
- *ICA Faces the Future: The Curaçao Consensus 2006*
- *Archival Statistical Questionnaire*
- *2007 Pacific Islands Libraries and Archives Conference*
하와이 대학의 태평양섬 연구센터에서 열린 연간회의에 대한
보도

- ***Short Professional Courses at the University Of Papua New Guinea***
  기록보관과 문서관리에 관한 일정의 과정에 대한 보도
- ***Solomon Islands and Australian Archives Working Together***
  호주 국가기록관의 윅맨(Dani Wickman)의 보고서
- ***Update from the PARBICA Bureau－May 2006***
- ***Update from the PARBICA Bureau－December 2005***
- ***PRBICA 11 Conference***
- ***Niue Archives and Cyclone Heta***
- ***Recordkeeping for Good Governance Toolkit***
  PRBICA의 11번째 총회(general conference) 결의안에 관한 보도
- ***PARBICA 12 Conference***

3) 출판물과 보고서(Publications and Reports)

다음과 같은 출판물과 보고서에 대한 정보를 제공하고 있다. 대부분의 출판물은 주문하거나 회원으로 등록하고 연회비를 내야만 열람이 가능하다. 다만 보고서는 PDF로 무료열람이 가능하다.

① 출판물(Publications)

- ***Compendium of Pacific Archives Legislation***
  태평양지역의 기록관들이 모여 처음으로 발간한 태평양 기록관 법률 개론

- ***Panorama***

  PRBICA에서 계간의 형식으로 출판하는 뉴스레터

- ***Panorama on - line***

  PRBICA의 온라인 뉴스레터로서 회원들만이 열람이 가능

  하다.

② 보고서(Reports)

- ***Education and Training for Records and Archives Management in Pacific Island Nations: A Needs Assessment and Report***
- ***The Darwin Shipping Container Trial: Report and Results***
- ***Using Shipping Containers for Record Storage: Specification and Description***
- ***Building a Low - Cost Archives in the Tropics: Specification and Description***

UN Documentation Centre
유엔도큐멘테이션센터

① 기구

1) 소재사항

소재국가	미국
주　소	General Assembly United Nations, New York, NY 1007 USA
팩　스	+212 963 7555
전자우편	+212 963 3301
홈페이지	http://www.un.org/documents

2) 성격

유엔도큐멘테이션센터(UN Document Centre)는 유엔(UN: United Nations)의 주요 조직의 정보원을 보유하고 전 세계적으로 배포하는 UN심장부의 정보서비스 제공기관이다.

2 정보원

1) 정보원배포정책

유엔도큐멘테이션센터는 유엔의 공식문헌을 'Global Search'에서 제공하여 원문검색이 가능하다. *UN Journal*은 PDF로 열람 가능하다.

2) 주요 조직별 정보원

유엔도큐멘테이션센터는 총회, 안전보장이사회, 사무국, 신탁통치이사회, 경제사회이사회 등 유엔(UN)의 주요 조직별 정보원들을 소개하고 있다.

① 총회(General Assembly)

- Session Documents
- Verbatim Records
- Resoultions
- Landmark Documents
- Search Press Release

② 안전보장이사회(Security Council)

- Resoultions
- SG Reports
- Search/Press Release
- Presidential Statements

- Exchange of Letters
- Meeting Records
- Mission Reports
- Sanctions Committees
- Notes by the President
- Selected Documents
- Repertoire

③ 경제사회이사회(Conomic and Social Council)

- All Documents(current year)
- Resolutions
- Decisions
- Documents
- Archives(back to 1982)
- Subsidiary Bodies
- Bodies by Thematic Area
- Full - text Search
- Press Release

④ 사무국(Secretariat)

- Selected Documents

3) ODS(Official Document System of the United Nations)

유엔의 공식 도큐먼트를 검색할 수 있는 검색 서비스로 특히 'Global Search'에는 원문 검색 기능이 있다. 이 정보 서비스에는 보도자료나 유엔판매용출판물(UN Sales Publications), 유엔 조약시리즈나 정보 소책자 등의 정보원은 포함되어 있지 않다.

4) Document Alert

상단의 메뉴 중 'Document Alert'는 2005년에 새로 개설된 서비스로서 새로운 유엔 문헌이나 출판물 등의 정보원이 접수되었을 때 알려주는 역할을 한다. 대표적으로 'UN Pulse'가 있다.

- UN Pulse

  선택한 UN 온라인 정보, 출판물, 보고서, 도큐먼트들이 새로 접수되었을 때마다 알려주며, 해당 홈페이지에 가면 'Recent Entries' 난에 최근 도큐먼트들이 있고 지난 도큐먼트들도 월별과 주제별 목록으로 검색 가능하다.

5) 지도 및 지리정보(Maps and Geographic Information)

유엔의 사업별로 다양한 지도와 지리적 정보서비스를 제공하고 있으며, 이는 일반적인 지도와 주제별로 구분되어 있다.

6) 정기간행물(Journal)

*UN Journal*은 매일 발행되는 PDF 형식의 유엔소식지로 연결된다.

UNESCO Archives

UNESCO Archives

유네스코기록관

① 기구

1) 소재사항

소재국가	프랑스
주 소	7, place de Fontenoy, 75352 Paris 07 SP France
전 화	+33 1 45 68 10 00
팩 스	+33 1 45 67 16 90
전자우편	j.boel@unesco.org
홈페이지	http://www.unesco.org/archives

2) 성격

국제연합교육과학문화기구(UNESCO: United Nations Educational, Scientific and Caitual Organication)의 기록관(UNESCO Archives)으로서 유네스코의 모든 자료와 기록을 수입하여 국제적으로 제공하는 기관이다.

3) 설립연혁

유네스코기록관(UNESCO Archives)은 유네스코기관의 기억

(memory) 그 자체로서 1947년에 설립되어 유네스코의 모든 문서 및 기록을 보존하고 제공한다.

4) 설립목적

유네스코기록관의 목적은 유네스코의 설립목적인 교육, 과학, 문화를 통한 국가들 간의 협조를 증진시킴으로써 평화와 안보에 기여하고 봉사하는 것이다.

5) 주요 사업

① 유네스코의 지식보고의 역할
② 유네스코 본부가 믿을 수 있고 효율적인 기록관리를 하도록 협력
③ 유네스코의 역사와 기록에 기초한 정보배포와 제공을 위한 활동

6) 회원

유네스코기록관은 유네스코의 회원을 기본으로 한다. 2001년 총 188개의 회원국이 등록되었다.

7) 유네스코역사프로젝트(UNESCO History Project)

• 유네스코역사프로젝트는 유네스코 설립 이후의 가치 있는 활동관련 기구의 역사에 관한 조사연구를 장려하기 위해 시작되었다.

- 본 프로젝트는 일반 연구조사자들의 유네스코기록관 이용을 장려하는 데 또한 그 목적이 있다.
- 유네스코역사프로젝트를 위한 '국제과학위원회(International Scientific Committee)'가 사무총장에 의해 2006년 발족되었다. 본 위원회는 역사프로젝트 관리를 위한 독립적인 위원회이다.

② 정보원

1) 정보원배포정책

유네스코기록관의 '기록시리즈(archival series)'는 원문기록, 문서, 사진, 음향기록, 마이크로필름으로 구성되어 있다. 본부의 파일 프로그램은 국제십진분류법(UDC: Universal Decimal Classification)에 의거하여 정리되어 있다. '전자기록(Electronic Archives)'이 별도로 제공되는데, 이는 일반대중의 접근을 제한하고 있다. 그 외에 '온라인 문서(Files online)', '유네스코 관련 서비스(Related UNESCO Services)', '링크(Links)', '최근출판물(Just Published)'을 통해 유네스코의 방대한 정보원에 접근할 수 있다.

2) 시청각부(audiovisual division)와 홍보사무실(office of public information)

다음과 같은 시청각기록을 보유하고 있다.
- 1951년 이후의 만 2천 5백여 개의 필름 컬렉션

- 1983년 이후의 5천여 개의 비디오테이프
- 1950년 이후의 사진 컬렉션
- 3만 개 이상의 라디오 테이프

3) 주요 장서

유네스코기록관의 장서는 유네스코의 기능, 합의문, 계약 및 다른 서면으로 된 협정서, 서신, 파일, 보고서, 원고, 문서, 출판물, 사진과 영상기록, 마이크로폼 자료, 음향기록 등의 자료들로 구성되어 있다.

4) 기록그룹(AG: Archive Groups)

유네스코기록관은 '기록그룹(AG)'이라 하여 이를 기본으로 기록물들을 분류하고 있다. 16개의 기록그룹과 각각의 색인(index) 등은 다음과 같다.

① AG 1. 국제지적협력기구(IICI: International Institute ofIntellectual Cooperation), 1925~1946

- IICI. Inventory of archives 1925~1946(UIS.90/WS/1), AG 1/1
- IICI. Index of correspondence(names, subjects), AG 1/2
- IICI. Index of documents by code, AG 1/3
- IICI. Index of publications, AG 1/4
- IICI. List of publications(UIS.89/WS/5), AG 1/5

② AG 2. 교육부장관연합회의(CAME: Conference ofAllied Ministers of Education), 1942~1945

- CAME. List of documents and correspondence files (PRS.80/WS/2), AG 2/1
- CAME. List of documents, AG 2/2
- CAME. Index of documents, AG 2/3
- CAME. Card－index of documents(ARC.90/WS/1), AG 2/4

③ AG 3. 유네스코 준비위원회(PREP. COM.: Preparatory Commission of UNESCO), 1945~1946

- Prep.Com. Inventory of archives, AG 3/1
- Prep.Com. Name and subject index to correspondence files, AG 3/2
- Prep.Com. Mail register 21 March－17 December 1946, AG 3/3
- Prep.Com. Card－index of documents, AG 3/4

④ AG 4. 총회 도큐먼트(C: General Conference Documents) 1945~

- Check－list of documents of the Conference for the Establishment of UNESCO(ECO/CONF), London 1945, AG 4/1
- Inventory of General Conference documents, 1946~1989 (SID.78/WS/2 Rev), AG 4/2
- ICONFEX database: subject index to resolutions and related documents of the General Conference, 1946~

⑤ AG 5. 집행부 도큐먼트(EX: Executive Board Documents) 1946~
- List of Executive Board documents, 1946~, AG 5/2
- ICONFEX database: subject index to decisions and related documents of the Executive Board, 1980~
- List of in-depth studies carried out by the Executive Board, 1990, AG 6/7 CEU
- List of Special Committees and studies undertaken by them since 1957, AG 6/7 EX/SP

⑥ AG 6. 사무국 도큐먼트(S: Secretariat Documents) 1946~
- Card-index of documents, 1946~1972, AG 6/3
- UNESCO Bibliographic Database(UNESBIB), 1972~
- Registers of documents by code, 1946~, AG 6/4
- List of UNESCO document codes(symbols), 1946~1981, AG 6/5
- List of Administrative Circulars, 1960~1990, AG 6/7 Adm.Circ.
- List of Circular Letters, 1947~1990, AG 6/7 CL
- Inventory of Speeches by the Director-General of UNESCO, 1946~, AG 6/7 DG
- List of Decisions and Instructions of the Director-General, 1946~1990, AG 6/7 DG 3
- Index of field mission reports, 1947~, AG 6/7 FMR
- Lists of Members of the Secretariat 1945~

⑦ AG 7. 유네스코 출판물(UNESCO Publications) 1946~

• Bibliography of publications issued by UNESCO or under its auspices the first twenty‐five years: 1946~1971, UNESCO, Paris, 1973, AG 7/1

• Registers of UNESCO publications by ARC‐code, 1946~

• Card‐index of publications 1946~1971

• UNESCO Bibliographic Database(UNESBIB), 1972~

• The UNESCO Courier: index 1948~(UNESBIB database)

• List of UNESCO periodicals, AG 7/3

• Register of maps kept by the Archives

• Registers of publications of National Commissions for UNESCO(partly computerized as of 1990)

• Registers of publications of Non‐governmental Organi-zations(NGOs) working in close collaboration with UNESCO, 1945~

⑧ AG 8. 사무국 기록물(Secretariat Records), 1946~

• Abridged filing plan for the official dossiers in use by the Secretariat of UNESCO(GES/WS/2), AG 8/2.1(NB: The official dossiers are also called "registry files", "official correspondence files" or "programme files")

• Index of inactive correspondence files, 1st series, 1946~1956, AG 8/2.2 REG

• Index of inactive correspondence files, 2nd series, 1957~1966, AG 8/2.3 REG

- Registry files: card index, 1946~

- Inventories of records transferred to the Archives by series(constituted by administrative units)

- Legal instruments(agreements, conventions, solemn documents and other instruments: list, registers, card-index; partly computerized as of 1990), AG 8/3 LA 3

- Conventions and recommendations adopted under the auspices of Unesco: list in document CL/3419(1996)

- List of Technical Assistance projects, 1950~1972, AG 8/3 TA

- List of Special Fund projects, 1959~1972, AG 8/3 SF

- Participation Programme(PP): list of documents and records, 1955~, AG 8/3 PP

- International Commission for a History of the Scientific and Cultural Development of Mankind(SCHM): inventory of archives 1944~1969(PRS.79/WS/6), AG 8/4 SCHM

- Biographical files(name files) established by the Archives on selected persons related to UNESCO and it's activities

⑨ AG 9. 지부 기록물(Archives of Field Units)

- List of UNESCO Field Units, 1947~, AG 9/1

- International Bureau of Education(IBE), Geneva: inventory of archives, 1925~1969, AG/9 IBE(NB: These archives are kept by the IBE in Geneva)

- UNESCO Research Centre on Social and Economic

238

Development in Southern Asia(URCSA), New Delhi, India: inventory of archives 1956~1966, AG 9 URCSA
- UNESCO Regional Office for Latin America and the Carribean(HAVCO), 1954~1964
- Middle East Science Co-operation Office, Social Science Section(MESCO), 1949~1960
- UNESCO School Building Institutes(ARISBR), 1961~1973
- International Institute of Educational Planning(IIEP): chronological files, 1972~1988
- Records from the UNESCO Liaison Office with the UN Economic Commission in Africa(UN/ECA), Washington Liaison Office(WLO), Venice Office, International Institute of Educational Planning(IIEP)
- Records of field projects: Jakarta Office, Chief of UNESCO Mission, Mexico City, Afghanistan project files, Maldives project files, Rwanda project files

⑩ AG 10. SA 기록(Archives of Staff Associations)
- Inventory of archives of the Staff Association(STA), 1946~

⑪ AG 11. 마이크로폼 복사본(Microcopies)
- List of microcopies, AG 11/1
- Check-list of General Conference documents on micro-fiches, 1946~1970, AG 11/2

- Check－list of Executive Board documents on microfiches, 1946～1982, AG 11/3 EX
- Lists of field mission reports on microfiches, 1947～1969, periodical reports, 1951～1970, AG 11/4 FMR
- UNESCO Bibliographic Database(UNESBIB), 1972～
- International Bureau of Education(IBE): Series of International Reports on Education, 1972～1990, documents of the International
- Conferences on Education, 1973～1990, and documents from the Experimental World Literacy Programme, 1966～1975, AG 11/6 SIRE
- International Institute of Educational Planning(IIEP): Publications and documents: microfiche catalogue, 1989, AG 11/6 IIEP
- UNESCO/ICSU: Study on the Feasibility of a World Science Information System, UNISIST. Proceedings 1966～1970: list of documents on microfiches, AG 11/6 UNISIST

⑫ AG 12. A－V 기록물(Audiovisual Archives)
- Audiovisual archives: references, AG 12/1
- Sound archives: catalogues, 1946～, AG 12/2
- Office of Public Information(OPI): register and indexes on cards to radio programmes, 1949～
- UNESCO: film reference library catalogues, 1972 and

1973~1980, AG 12/3

- OPI: indexes on cards to films
- UNESCO: video catalogue, 1992, AG 12/2 Video
- OPI: Register of photographs, 1945~
- Diapositives/Slides UNESCO, AG 12/5 Diapo
- UNESCO Collection of Traditional Music, AG 12/6 IMC
- General Conference: list of speakers on tape recordings, 1968~, 12/4 C
- Executive Board: list of speakers on tape recordings, 1968~, 12/4 EX

⑬ AG 13. 그림류 원색 재생 기록물(Archives ofColour Reproductions of Paintings)

- Catalogue of reproductions of paintings prior to 1860, 1978(CUA/18/21)
- Catalogue of reproductions of paintings 1860~, 1981 (CUA/18/22)

⑭ AG 14. 유네스코 관련 출판물, 도큐먼트 및 기록물(Publications, documents and records on UNESCO)

- List of references to documents and records concerning UNESCO and its activities preserved in other repositories(and to copies of such documents and records acquired by UNESCO), AG 14; see also UNESCO Archives Finding Aids(ARC.91/WS/2), 1991, pp.18 - 19.

- Bibliography of Publications on UNESCO(LAD – 84/WS/3), 1984(covers the period 1944~1983)
- Articles on UNESCO in the reading room(filed alphabetically by name of the author)
- UNESCO Bibliographic Database(UNESBIB), 1972~

⑮ AG 15. 국제기구 기록과 도큐멘테이션(Archives and Documentation of International Organizations)
- Intergovernmental Bureau for Informatics(IBI), Rome: inventory of archives, 1961~1988(draft), AG 15
- International Social Science Council(ISSC): inventory of archives, 1952~, AG 15

⑯ AG 16. 전자 및 기계가독 기록물(Electronic and Machine – readable Records)
- Directory of UNESCO databases(DIT – 96/WS/2), 1996

5) 온라인 문서(Files Online)

상술한 기록그룹(AG) 중에서 온라인상으로 열람 가능한 문서의 목록은 다음과 같다.

① AG 1: 국제지적협력기구(IICI: International Institute of Intellectual Co – operation)
- A.I.1 Statuts organiques de l'IICI 1924~1925
- A.I.15 Correspondance avec Professeur Einstein 1925~1933

- A.I.16 Correspondance avec le Président de la CICI 1924~1946

② AG 8: 유네스코 통신 문서류(UNESCO Correspondence Files)
- UNESCO Education Institute Germany-Site 1951~1953
- UNESCO Institutes in Germany Part Ⅰ 1948~1954
- UNESCO Institutes in Germany Legal Matters 1950~1952
- UNESCO Institutes in Germany Governing Boards 1950~1955
- UNESCO Institutes in Germany Personnel 1951~1955
- Mission of Experts to Evaluate the Work of the UNESCO Institutes in Germany 1952~1955
- Visit of UNESCO Institutes in Germany by Members of the Executive Board Subcommittee 1952~1953
- Comité sur les principes philosophiques des droits de l'homme. Part Ⅰ up to 31 May 1947
- Comité sur les principes philosophiques des droits de l'homme. Part Ⅱ from 1 June 1947, 1947~1952
- Public Opinion Enquiries on Human Rights 1950~1954
- UNESCO Education Institute Germany-Meetings & Seminars 1952, 1951~1953
- Educational Mission 1948~1954 to Afghanistan 1948~1954
- Educational Mission to Afghanistan Reports 1951~1952
- Educational Mission to Afghanistan Follow up 1949~1952

- Educational Mission to Afghanistan Equipment 1949~1954
- Statement on Race. Part Ⅰ. 1949~1951
- Statement on Race. Part Ⅱ. 1951
- Statement on Race. Expert meeting of physical anthropologists and genetists. 1951
- Study on the positive contributions by immigrants. Part Ⅰ. 1951~1953.
- Study on the positive contributions by immigrants. Part Ⅱ. 1953~1955

③ AG 8: 국장실 문서류(Files of the Office of the Director-General)
- CAB 1/1
- Report of the Advisory Committee of Experts(on UNESCO Administration-'Aghnides Report') 1948

6) 최근 출판물(Just Published)

유네스코기록관에서는 유네스코의 최근 출판물을 홈페이지 우측 하단에 따로 정리하여 제공하고 있다. 2007년 6월 현재 최근 출판물의 대표적인 목록은 다음과 같다.

- ***60 Women Contributing to the 60 Years of UNESCO: Constructing the Foundations of Peace***
- ***Sixty Years of Science at UNESCO 1945~2005***
- ***"L'UNESCO Racontée par Ses Anciens"***(AFUS publication)

7) 정보서비스

유네스코와 기록관련 정보서비스가 제공된다. 주요 정보서비스
와 홈페이지는 다음과 같다.

- Library

  홈페이지: http://www.unesco.org/library

- Archives Portal

  홈페이지: http://www.unesco.org/cgi－bin/webworld/portal_
  　　　　　archives/cgi/page.cgi?＝1

- Photobank

  홈페이지: http://www.unesco.org/photobank/exec/index.htm

- Guide to the Archives of Intergovernmental Organizations

  홈페이지: http://www.unesco.org/archives/sio

- A Chronology of UNESCO, 1945～1987

UNESCO MOW

UNESCO Memory of the World

유네스코세계기록유산

① 기구

1) 소재사항

소재국가　프랑스

주　　소　UNESCO 7 Place de Fontenoy, 75352 Paris 07 - SP France

전　　화　+33 1 4568 1000

홈페이지　http://portal.unesco.org/ci/en/ev.php - URL_ID = 1538&URL_DO=DO_TOPIC URL_SECTION=201.html

2) 성격

유네스코세계기록유산(UNESCO MOW)은 전 세계 기록유산의 보존과 이용을 위해 기록유산의 목록을 작성하고 효과적인 보존수단을 마련하기 위한 국제연합교육과학문화기구(UNESCO: United Nations Educational, Scientific and Cultual Organization)의 국제적인 사업이다.

3) 설립연혁

기록유산은 인류의 문화를 계승하는 중요한 유산임에도 불구하고 실제로 훼손되거나 영원히 사라질 위험에 처한 경우가 많다. 이에 1992년 유네스코에서 세계기록유산사업을 창설하였고, 1995년에 세계유산등록 선정기준을 합의하고 등록제도 창설을 권고하면서 시작된 사업이다.

4) 설립목적

① 세계적으로 중요한 기록유산을 가장 적절한 수단으로 보존토록 보장하고 국가 및 지역수준의 중요한 기록유산의 보존을 장려
② 전 세계 다양한 사람들의 접근을 용이하게 하고 평등한 이용을 장려
③ 기록유산에 기초해서 만들어진 기타 자료들을 발전시키고 전 세계에 널리 보급
④ 세계적 수준에서 중요한 기록유산을 갖고 있는 모든 국가들의 인식을 제고

5) 운영지침

① 보존(Preservation)
② 접근(Access)
③ 기록유산 파생물들의 보급(Distribution of Derived Products)
④ 인식제고(Awareness)

6) 조직

국제자문위원회와 지역위원회 및 국가위원회 그리고 사무국으로 구성되어 있다.

① 총회

정기회의는 2년마다 개최하는데 2001년 6월 우리나라 청주에서 제5차 국제자문위원회 회의가 개최되었다. 2007년 6월 11일에서 15일까지 제8차 회의(8th Meeting of the Memory of the World International Advisory Committee)가 남아프리카의 프리토리아(Pretoria)에서 개최되었다.

② 국제자문위원회(IAC: International Advisory Committee)

- 구성: 사서, 법률전문가, 교육학자, 저술가, 문서관리 전문가 등 14명으로 구성되어 있다.
- 기능: 유네스코 일반정보사업국(PGI)에서 세계기록유산 사업을 담당하고, 국제자문위원회에서는 전반적인 의사결정을 수행한다.

③ 국가위원회와 지역위원회(National Committees and Regional Committees)

국가위원회는 세계적으로 45개국에 설립되었으며, 지역위원회는 1998년 12월 북경 회의를 통해 아시아·태평양지역에서 처음으로 구성되었다. 구체적으로 다음과 같다.

- 아프리카지역: Cameroon, Central African Republic, Dem.

Rep. of Congo, Malawi, Nigeria, Tanzania에 설립되어 있다.

- 아랍지역: Egypt, Lebanon에 설립되어 있다.
- 아시아 및 태평양지역: Australia, China, Iran, Kazakhstan, Kyrgyzstan, Malaysia, Nepal, Philippines, Sri Lanka, Tajikistan, Thailand에 설립되어 있다.
- 유럽 및 북미지역: Austria, Belarus, Bulgaria, Canada, Croatia, Cyprus, Denmark, Estonia, France, Germany, Greece, Hungary, Italy, Kosovo, Latvia, Lithuania, Luxembourg, Norway, Poland, Serbia, Slovakia, Sweden에 설립되어 있다.
- 남미 및 카리브 해 지역: Argentina, Barbados, Brazil, Chile, Colombia, Costa Rica, Cuba, El Salvador, Guatemala, Haiti, Honduras, Mexico, Nicaragua, Saint Lucia, Venezuela 에 설립되어 있다.

④ 사무국(Secretariat)

UNESCO 본부 일반정보사업국(PGI)에서 담당하고 있다.
홈페이지: http://www.unesco.org/webworld/mdm

7) 세계기록유산 선정절차와 기준

(1) 기록유산

세계적으로 2007년 현재 59개국 총 120건의 기록유산이 세계기록유산으로 등재되어 있다. 대상이 되는 기록유산은 단독 기록일 수 있으며 기록의 모음, 즉 퐁(archival fonds)일 수도 있다. 주로 두 가지 경우로 기록을 담고 있는 정보와 그 기록을 전하는 매개물로 구분된다. 실제는 다음과 같다.

① 필사본, 도서, 신문, 포스터 등 기록이 담긴 자료와 플라스틱, 파피루스, 양피지, 야자 잎, 나무껍질, 섬유, 돌 또는 는 기타 재료로 기록이 남아 있는 자료

② 그림, 프린트, 지도, 음악 등 비기록자료(non－textual materials)

③ 전통적인 움직임과 현재의 영상 이미지

④ 오디오, 비디오, 원문과 아날로그 또는 디지털 형태의 정지된 이미지 등을 포함한 모든 종류의 전자 데이터

(2) 선정절차

세계기록유산에 대한 신청은 원칙적으로 모든 개인과 기관이 할 수 있으며, 관련 국가위원회나 지역위원회의 도움을 받을 수 있다. 각 국가에서 일반정보사업국에 신청서를 제출하고, 국제자문위원회의 정기 총회에서 최종적으로 결정한다. 구체적인 선정절차는 다음과 같다.

① 등록 신청서 제출(짝수연도 3월 말)

② 국제기록유산분야 NGO(ICA, IFLA 등)에 심사의견 제출(소위원회 개최 1개월 전까지)

③ 세계기록유산등재 소위원회에서 검토 및 권고사항을 국제자문위원회에 제출(자문위원회 개최 1개월 전까지)

④ 유네스코 세계기록유산 국제자문위원회에서 최종 심사 및 등록 권고(홀수연도 6월경)

⑤ 유네스코 사무총장 승인, 세계기록유산 등록 여부 결정

(3) 선정기준

주요 선정기준과 이차적인 선정기준을 두고 있으며, 그 내용은 다음과 같다.

① 주요 기준

- 영향력(Influence): 한 나라의 기록유산이 세계의 역사에 중요한 영향력을 끼쳐 세계적인 중요성을 갖는 기록유산

- 시간(Time): 국제적으로 중요한 변화의 시기를 현저하게 반영하거나 인류 역사의 특정한 시점에서 세계를 이해할 수 있도록 두드러지게 이바지한 기록유산

- 장소(Place): 세계 역사와 문화의 발전에 중요한 기여를 했던 특정 장소(locality)와 지역(region)에 관한 중요한 정보를 담고 있는 기록유산

- 사람(People): 전 세계 역사와 문화에 현저한 기여를 했던 개인 및 사람들의 삶과 업적과 특별한 관련을 갖는 기록유산

- 대상/주제(Subject/Theme): 세계 역사와 문화의 중요한 주제를 현저하게 다룬 기록유산

- 형태와 스타일(Form and Style): 형태와 스타일에서 중요한 표본이 되는 기록유산

- 사회적 가치(Social Value): 하나의 민족문화를 초월하여 사회적, 문화적 또는 정신적으로 두드러진 가치가 있는 기록유산

② 등록보조기준에 해당하는 이차적인 선정기준

- 원상태로의 보존(Integrity): 특별히 본연의 완벽한 상

태로 보존되어 있는 기록유산

· 희귀성(Rarity): 독특하고 특별히 진귀한 기록유산

8) 관련 단체

유네스코세계기록유산(MOW)은 세계 각국의 기록유산관련 국가기관, 연구기관, 교육기관, 비영리단체 등과 협력하고 있다. 관련 단체의 단체명, 소재지, 홈페이지는 다음과 같다.

· Albany International Research Company(Mansfield)

  홈페이지: http://www.airesco.com

· ARCH: Art Restoration for Cultural Heritage Foundation(Anif)

  홈페이지: http://www.arch.co.at

· Conservation OnLine CoOL(Stanford)

  홈페이지: http://palimpsest.stanford.edu

· Dr. Jack McKenzie Limerick Pulp and Paper Research and Education Centre(Fredericton, New Brunswick)

  홈페이지: http://www.unb.ca/web/P&P_Centre/homepage.html

· Early Canadiana Online Website(Ottawa)

  홈페이지: http://www.canadiana.org

· ECPA: European Commission on Preservation and Access (Amsterdam)

  홈페이지: http://www.knaw.nl/ecpa

· Herty Foundation Research and Development Center(Garden City)

  홈페이지: http://www.herty.com

- Icon: The Institute of Conservation(London)

  홈페이지: http://www.icon.org.uk
- ICCROM: International Centre for the Study of the Preservation and Restoration of Cultural Property(Rome)

  홈페이지: http://www.iccrom.org
- NIC: National Institute for the Conservation of Cultural Property(Washington)

  홈페이지: http://www.stfi.se
- Swedish Pulp and Paper Research Institute(Stockholm)

  홈페이지: http://www.stfi.se
- The Canadian Conservation Institute(Ottawa)

  홈페이지: http://www.cci-icc.gc.ca
- Tokyo National Research Institute of Cultural Properties(Tokyo)

  홈페이지: http://www.tobunken.go.jp/index_e.html

9) 주요 활동

① 세계적으로 가치가 있는 기록물의 목록 작성

② 해당 기록유산을 세계기록유산(MOW)에 등재하여 레이블 작업 수행

③ 첨단 정보기록방식인 디지털화를 통한 보존 수단의 마련

④ 필요한 자금의 조달 및 지원

10) 주요 시범 사업

① 프라하 원고본(原稿本, Manuscripts of Prague) 사업

② 라지빌 연대기(Radzivil Chronicle) 사업

③ 성 소피아(Saint Sophia) 사업

④ 사나 원고본(原稿本, The Sana's Manuscripts) 사업

⑤ 이베로 아메리카의 기억(Memoria de Iberoamerica) 사업

⑥ 칸딜리 천무대의 원고본(原稿本, Manuscripts of Kandilli Observatory) 사업

⑦ 러시아의 기억(Memory of Russwia) 사업

⑧ 아프리카 엽서(Africa Postcards) 사업

⑨ 다르 알 쿠툽의 보물(Treasures of Dar Al Kutub) 사업

⑩ 빌니우스 대학 필사본(Manuscripts of Vilnius University) 사업

⑪ 라틴아메리카 및 카리브 지역의 사진 컬렉션(Photographic Collection in Latin America and the Caribbean) 사업

11) 한국과의 관계

① 유네스코한국위원회(Korean National Commission for Unesco)

주   소   서울 중구 명동 2가 50 - 14
전   화   +82 2 755 1105(내선 400)
팩   스   +82 2 755 6667
전자우편   webmaster@unesco.co.kr
홈페이지   http://www.unesco.or.kr

② 한국의 기록유산(Mow of World)

전자우편   sklee@unesco.co.kr

홈페이지 http://www.unesco.or.kr/mow

③ 한국의 세계기록유산

세계기록유산(MOW)에 등재된 우리나라의 기록유산과 등재된 시기는 다음과 같다.
- 훈민정음 해례본(1997년 10월)
- 조선왕조실록(1997년 10월)
- 승정원일기(2001년 9월)
- 직지 하권(2001년 9월, 원명: 白雲和尙抄錄佛祖直指心體要節)
- 팔만대장경 경판(2007년 6월)
- 조선왕조 의궤(2007년 6월)

참고로 최근의 2건의 한국의 세계기록유산 등재관련 상황을 살펴보면 2005년 외교통상부를 통해 '고려대장경판 및 제 경판'과 '조선왕조 의궤(儀軌)' 등을 유네스코 세계기록유산으로 등재 신청했다. 2006년 3월 30일 전문가 자문회의 및 문화재위원회 심의를 거쳐 최종 선정됐으며, 2007년 6월 14일 제8차 정기회의에서 2건 모두 세계기록유산으로 등재키로 최종 결정됐다. 특히 경판을 보관하고 있는 해인사 장경판전(장경각)은 1995년 12월 세계유산으로 등재된 바 있다.

④ 유네스코 직지상

2005년부터 시행한 직지상(直指賞, Jikji Memory of the

World Prize)은 우리나라의 직지가 세계기록유산에 등재된 것을 기념하고, 인류공동의 자산인 기록유산 보존과 활용에 크게 공헌한 개인이나 단체에게 수여하는 상이다. 2년마다 청주시의 '직지의 날'에 시상하고 상금은 미화 3백 달러이다. 2005년의 경우 체코 국립도서관에 직지상이 수여되었다.

② 정보원

1) 정보원배포정책

'New Archives'는 1999년부터 2006년까지의 전 세계 각국의 MOW 관련 뉴스 기록물을 원문으로 제공하고 있으며, 'Documents/Publications'에서 각각의 도큐먼트와 출판물을 PDF로 링크해 놓았다. 국제, 국가 및 지역 차원의 각 프로젝트와 MOW 관련 행사는 'Projects'와 'Events'에서 원문과 사진자료(PhotoBank) 등을 제공하고 있어 비교적 용이하게 열람할 수 있다.

2) 도큐먼트와 출판물(Documents/Publications)

MOW 프로그램 관련 전자 출판물(Electronic publications), MOW 프로그램 관련 총회와 회의 및 행사관련 도큐먼트 (Meeting Documents), 소책자나 CD-Roms와 같은 유네스코가 출판했거나 지원한 간행물들, MOW 프로그램 관련 모든 데이터베이스들, MOW 프로모션 도큐먼트, 그리고 그 외 MOW 프로그램 관련 도큐먼트와 양식들을 제공하고 있다.

① 도큐먼트(Documents)

- *A Survey of Current Library Preservation Activities*
- *Digitizing Historical Photographs*
- *Guidelines for E－reference Library Services for Distance Learners and Other Remote Users*
- *Guidelines for Legal Deposit Legislation*
- *IFLA/UNESCO Survey on Digitization and Preservation*
- *Lost Memory－Libraries and Archives Destroyed in the Twentieth Century*
- *Memory of the World: General Guidelines to Safeguard Documentary Heritage*
- *Preserving Our Documentary Heritage*

② 시디롬(CD－Roms)

- *100 años de Arquitectura en Colombia*
- *Catalogue of Arabic Manuscripts of the National Library of the Czech Republic*
- *Digitization of Rare Library Materials Memoriae Mundi Series Bohemica 1998*
- *Nemory of Russia*

③ 데이터베이스(Databases)

- *Endangered Memory－Mémoire en péril*
- *UNESCO/IFLA Directory of Digitized Collections*

MOWCAP

UNESCO MOWCAP

UNESCO Memory of the World Committee for Aisa/Pacific

유네스코아시아·태평양세계기록위원회

① 기구

1) 소재사항

소재국가　　홍콩

주　　소　　4/F, Hong Kong Public Records Building 13
Tsui Ping Road, Kwun Tong, Kowloon Hong
Kong

전자우편　　simonchu@mowcap.org

홈페이지　　http://www.unesco.mowcap.org/index.htm

2) 성격

아시아·태평양세계기록위원회(MOWCAP)는 유네스코의 글로벌세계기록프로그램(UNESCO's Global Memory of the World)으로서 세계기록유산프로그램(MOW Program)의 지역위원회이자 지역포럼이다.

3) 설립연혁

MOWCAP는 유네스코에 의해 설립된 세계기록프로그램의 국제자문위원회(ICA: International Advisory Committee)의 보조기구이다. MOWCAP은 1997년에 설립되고, 1998년 중국 베이징에서 열린 제1회 MOWCAP 총회에 의해 발족되었다.

4) 설립목적

MOWCAP의 설립목적은 세계기록프로그램을 각 지역 내에서 촉진하고 장려하며 모니터하는 것이다. MOWCAP은 국제적인 세계기록유산(MOW)에 지원하는 각 지역의 기록유산에 대한 알맞은 추천 및 후보등록을 장려하고 지원한다. 구체적으로 다음과 같다.
① 지역 내에서 MOW 프로그램을 촉진, 장려 및 모니터
② 국제적 수준에서 지역을 대표
③ 세계기록유산 등재를 독려, 지원 및 활성화
④ 국가위원회의 사업을 지지 및 보완
⑤ 아시아·태평양지역 프로그램과 기록유산에 대한 인지도 고양

5) 기능과 역할

본 위원회는 유네스코 세계기록유산(MOW)의 5대 지역위원회의 하나로서 다음과 같은 기능과 역할을 수행한다.
① 지역 차원의 세계기록유산 등록 개발과 국가 차원의 세계기록유산 등록 지원

② 프로젝트 조정

③ 기금관리

④ 국가지역위원회(Memory of the World Committees)가 없는
국가 후원

⑤ 국제적인 세계기록유산(MOW) 등재를 위한 지역 채널

⑥ 국가 간 교류 프로젝트 참여인들과의 공통적 관심 공유

⑦ 그룹이나 국가 간 교류 차원의 기록유산 등록 또는 비희망
적인 경우에 대한 후원

⑧ 국가위원회 설립 장려 및 지도

⑨ 지역 내 기록유산의 공표 지원 및 인식 제고

6) 조직

MOWCAP은 해당 지역 내의 국가위원회로 구성된다. MOWCAP
의 구조는 다음과 같다.

① 총회(General Meeting)

매 2년마다 MOWCAP의 정책과 활동을 결정하기 위한 총
회가 열린다. 1998년 중국 북경(北京, Beijing)에서의 제1차
총회 이후 제2차 총회는 2005년 11월 필리핀 마닐라(Manila)
에서 개최되었다.

② MOWCAP 사무국(Bureau)

• 구성: 1명의 회장, 필요시 1~2명의 부회장, 사무총장
(Secretary General)을 선출하고, 직무상 회원인 자문위원

(UNESCO Regional Advisor)을 선임한다. 현재 회장은 호주의 에드먼슨(Ray Edmondson)이다.

- 업무: MOWCAP 정기회의에서 승인된 사업프로그램의 계획, 조직, 실행 및 모니터관련 책임을 진다.
- 회의(Bureau Meeting): 일반적으로 1년마다 개최한다. 제1차 회의는 1994년 12월 말레이시아 쿠알라룸푸르(Kuala Lumpur)에서 개최하였고, 2006년 11월 중국 상해(Shanghai)에서 제6차 회의를 개최하였다.

③ 분과(MOWCAP Subcommittees)

MOWCAP은 편집분과(Editorial Subcommittee)와 기록분과(Register Subcommittee)로 조직되어 필요와 실정에 따라 운영된다.

7) 회원 국가

MOWCAP은 유네스코 세계기록유산(MOW)의 아프리카, 아랍, 유럽 및 북미, 남미 및 카리브 해 지역과 함께 5대 지역위원회의 하나로서 아시아·태평양지역위원회이다. 현재 호주, 중국, 이란, 카자흐스탄(Kazakhstan), 키르기즈스탄 공화국(Kyrgyzstan), 말레이시아, 네팔, 필리핀, 스리랑카, 타지키스탄 공화국(Tajikistan), 태국 등의 국가위원회가 회원 국가이다.

8) 주요 사업

① 기록유산의 중요성에 대한 인식 증진과 접근성 및 이용 개선

② 지역 내 정보공유 및 최적사용 촉진

③ 아시아·태평양 프로그램을 위한 정치적, 사회적, 경제적 지원

④ 다국적·다문화적 특이점에 관한 가치수집의 국가 간 연결 장려

⑤ 국가 MOW 위원회 설립 장려

⑥ 기록유산의 MOW 아시아·태평양지역 기록(Asia/Pacific Regional Register) 유지

⑦ 국제자문위원회에 의한 선택조건과 다른 중요 문제 결정과 추천에 관한 토론

⑧ MOW 프로젝트·활동을 위한 지원

9) 최근사업

최근 'Goodwill Patron Project'를 계획하였으며, 구체적으로 다음과 같다.

① 성격

아시아·태평양지역의 MOWCAP에 가입한 유네스코 회원국을 만나기 위하여 2004년 12월 조성된 프로젝트

② 목적

MOWCAP과 MOW 프로그램의 역할과 활동을 소개하고 국가위원회 설치 장려

③ 업무

MOW 프로그램에 관한 정보 제공 및 국가위원회 설치 혜택 설명, 해당국가의 국가위원회 설치를 위한 지침 관련 정보 제공 그리고 역할과 절차 설명, 국가위원회 지정 관련 다양한 MOWCAP 정보 제공, 국가위원회 존재 공지 강조 등

10) 한국과의 관계

한국의 유네스코 등재 세계기록유산을 탑재하여 링크하고 있다. 2007년 6월 등재된 세계기록유산의 경우 아직 처리되지 않았으며, 이는 전술의 유네스코 세계기록유산 부분을 참조 바란다.

- *The Hunmin Chongum Manuscript*(1997)
- *The Annals of the Choson Dynasty*(1997)
- *Seungjeongwon Ilgi, the Diaries of the Royal Secretariat* (2001)
- *Buljo Jikji Simche Yojeol*(vol. Ⅱ), the second volume of "Anthology of Great Buddhist Priests' Zen Teachings"(2001)

② 정보원

1) 정보원배포정책

'Documents/Publications'에서 도큐먼트와 출판물 등을 검색·

열람할 수 있다. 각각의 자료는 PDF로 링크가 되어 있거나 다운로드할 수 있다. 'Projects'에서는 MOWCAP의 프로젝트에 대한 설명을 제공하며 'Final Report'를 다운로드하여 열람할 수 있다. 'Register'에서는 아시아·태평양지역에서 기록유산으로 지명된 리스트를 링크시켜 놓아 다양한 기록관련 홈페이지에 쉽게 접할 수 있다.

2) 도큐먼트와 출판물(Documents/Publication)

- ***Statues***

  MOWCAP 법규집

- ***Rules of Procedure: Bureau***

  MOWCAP 사무국의 기본사항에 관한 규정집

- ***Rules of Procedure: Register Subcommittee***

  MOWCAP 기록분과에 대한 규정집

- ***Memory of the World: General Guidelines to Safeguard Documentary Heritage***

  기록유산 보존 관련 일반적인 지침서로서 MOW 홈페이지로 이동하여 화면 하단에 있는 PDF 파일을 다운받아야 한다.

- ***MOWCAP General Guidelines***

  MOWCAP의 일반적인 지침서

- ***Progress Report on the Development of the Asia: Pacific Regional Dimension of the 'Memory of the World' Program***

  2005년 9월에 보고된 MOW Program의 아시아·태평양지역

개발에 관한 진행보고서

• ***Goodwill Patron Report***

상술한 2005년 3월부터 7월 사이에 인도네시아, 라오스 공화국, 베트남, 캄보디아에서 진행된 'Goodwill Patron Project'에 관한 보고서

3) 프로젝트(Projects)

2007년 5월 현재 도큐먼트와 출판물(Documents/Publications)에서도 볼 수 있는 'Goodwill Patron Project'에 대한 설명과 보고서가 제공되고 있다.

4) 프로그램(Program)

아시아·태평양지역 관련 해당 국가의 프로그램이다. 프로그램명과 홈페이지는 다음과 같다.

• Central Asia Programme

  홈페이지: http://www.unesco.kz/mow

• Central Scientific Library of the Academy of Sciences of the Republic of Tajikistan Rare Books Preservation Project

  홈페이지: http://www.aclib.tj/eng/rare.html

• Pacific Information for all Programme(IFAP)

  홈페이지: http://portal.unesco.org/ci/en/ev.phd－URL_ID＋22223&URL_DO_DO_TO PIC&URL_SECTION＋201.html

5) 아시아 · 태평양지역기록유산(Register)

UNESCO 세계기록유산에 공식 등재된 것으로 MOWCAP에 아시아 · 태평양지역 기록유산으로 등재되어 있는 기록유산과 등재 시기는 다음과 같다. 한국의 경우는 유네스코세계기록유산(UNESCO Mow) 부분의 '한국의 세계기록유산'을 참조 바란다.

① 호주(Australia)

- ***The Endeavour Journal of James Cook***(2001)
- ***The Mabo Case Manuscripts***(2001)

② 아제르바이잔(Azerbaijan)

- ***Medieval Manuscripts on Medicine and Pharmacy***(2005)

③ 중국(China)

- ***Traditional Music Sound Archives***(1997)
- ***Records of the Qing's Grand Secretariat***(1999)
- ***Ancient Naxi Dongba Literature Manuscripts***(2003)
- ***Golden Lists of the Qing Dynasty Imperial Examination***(2005)

④ 인도(India)

- ***The I.A.S. Tamil Medical Manuscript Collection***(1997)
- ***Saiva Manuscripts in Pondicherry***(2005)
- ***Archives of the Dutch East India Company***(2003)

⑤ 인도네시아(Indonesia)

- *Archives of the Dutch East India Company*(2003)(Joint Nomination between two or more Countries)

⑥ 카자흐스탄(Kazakhstan)

- *Collection of Manuscripts of Khoja Ahmed Yasawi*(2003)
- *Audiovisual Documents of the International Antinuclear Movement "Nevada −Semipalatinsk"*(2005)

⑦ 말레이시아(Malaysia)

- *Correspondence of the Late Sultan of Kedah(1882～ 1943)*(2001)
- *Hikayat Hang Tuah*(2001)
- *Sejarah Melayu(the Malay Annals)*(2001)

⑧ 뉴질랜드(New Zealand)

- *The Treaty of Waitangi*(1997)
- *The 1893 Women's Suffrage Petition*(1997)

⑨ 파키스탄(Pakistan)

- *Jinnah Papers*(1999)

⑩ 필리핀(Philippines)

- *Philippine Paleographs(Hanunoo, Buid, Tagbanua and*

Pala'wan)(1999)

• *Radio Broadcast of the Philippine People Power Revolution*
(2003)

⑪ 스리랑카(Sri Lanka)

• *Archives of the Dutch East India Company*(2003)(Joint
Nomination between two or more countries)

⑫ 타지키스탄(Tajikistan)

• *The Manuscript of Ubayd Zakoni's "Kulliyat" and
Hafez Sherozi's "Gazalliyt"*(ⅩⅣ century)(2003)

⑬ 태국(Thailand)

• *The King Ram Khamhaeng Inscription*(2003)

⑭ 우즈베키스탄(Uzbekistan)

• *Holy Koran Mushaf of Othman*(1997)
• *The Collection of the Al−Biruni Institute of Oriental
Studies*(1997)

WCO

World Culture Open

세계문화오픈

☐ 기구

1) 소재지

주　　소	United States Canada Peace Anniversary Association(USCPAA) P.O. Box 4564 Blaine, WA 98231 - 4564 USA
전　　화	(360) 332 - 7165
홈페이지	http://www.peacearchpark.org/worldcultureopen.htm

2) 설립연혁

2001년 1월 행사 추진을 위한 기본계획을 수립하고, 이듬해 3월 조직준비위원회를 구성하였다. 2003년 6월 세계문화오픈 준비를 위한 워싱턴대회와 서울대회를 거쳐, 2004년 9월 미국 뉴욕과 서울에서 제1회 대회가 개최되었다. 세계문화오픈(WCO) 조직위원회에서 주최하고, 국제연합교육과학문화기구(유네스코), 세계국제연합연맹협회(WFUNA), 세계종교평화회의(WCBP), 국제연합개발계획(UNDP) 등 국제기구 및 단체와 주최국의 국가기관 등이 후원한다.

3) 설립목적 및 기능

WCO의 조직위원회는 세계적인 지도자, 4개 전문위원회, 6대륙 대표 중앙위원회, 집행위원회, 운영위원회로 이루어져 있다. 세계인의 평화와 친선, 화합과 축제의 장 마련, 신문화 창출, 나눔과 배움의 기회 마련, 건강하고 아름다운 세상을 만드는 글로벌 네트워크 구축, 생명운동과 상생운동 전개 등을 목적으로 하는 세계적인 문화행사이다.

또 예술, 건강, 사회문화 분야에서 WCO의 이상인 '건강한 삶, 아름다운 세상'을 추구하고 실천해 나가는 개인이나 단체를 선정해 공로상을 시상한다. 수상자에게는 부문별 상장트로피와 일정액의 상금이 주어지고, 공식 문화단체로 선정되어 WCO 관련 행사에 우선적으로 초청됨은 물론, 세계 각 나라의 문화공연팀과 교류할 수 있는 기회가 주어진다.

4) 회원국

미국, 한국, 일본, 이스라엘 등 세계 17개국이 참여하고 있다.

5) 한국과의 관계

한국은 2004년 초대 회원으로 2004년 WCO 1회 행사를 한국에서 추진했다.

② 정보원

1) 정보배포정책

WCO의 뉴스 및 정보를 홈페이지에서 무료로 제공하고 있으며, 사진, 동영상 등의 자료가 다양하게 수록되어 있다.

2) 행사자료

- *One World, One Dream WCO 2004*
- *WCO 2004 Awards Ceremony*
- *WCO 2004 Diversity FestivalSep. 9 – 12004 UN ConferenceDate: 10/09/20040, 2004*
- *2004 Cultural Competition*

3) 멀티미디어 자료

- *Youssou N'Dour, WCO Admin(06 Jul 2005) – Awards Ceremony*
- *WCO Admin(10 Jun 2005) – WCO 2004(Photo) Archives*
- *WCO Admin(10 Jun 2005) – About WCO, WCO Admin(10 Jun 2005)*
- *Conference at the UN, WCO Admin(10 Jun 2005)*
- *National Song and Dance Company, WCO Admin(04 Jun 2005)*

WHC

World Heritage Committee

세계유산위원회

① 기구

1) 소재지

주　소	The World Heritage Centre UNESCO 7, place de Fontenoy 75352 Paris 07 SP, France
전　화	33 - 1 - 45 68 15 71
팩　스	33 - 1 - 45 68 55 70
전자우편	wh - info@unesco.org
홈페이지	http://whc.unesco.org/en/35

2) 설립연혁

제1차 세계대전 직후 문화유산 보호에 대한 움직임이 활발해지면서, 1972년 세계문화와 자연유산 보호 컨벤션이 열리게 되었다. 특히 이집트의 아스완 댐을 건설하는 데 있어서 아부심벨 사원을 보호하기 위해 그 중요성은 더욱더 높아졌다. 1959년 이집트와 수단 정부의 요청에 의해 UNESCO는 국제적인 보호 캠페인을 단행했다. 수몰될 지역의 고고학적인 연구가 진행되었고, 아부심벨과 필라 신전은 옮겨져 수몰 위험이 없는 곳에 위치하게 되었다.

이 캠페인은 8억 달러라는 큰돈이 들었으며, 이는 50개 국가의 기부로 이루어지게 되었으며, 국제적으로 세계문화유산의 보존의 책임을 공동으로 분담하는 것이 얼마나 중요한지를 보여주는 큰 계기가 되었다. 이는 이탈리아의 베니스와 라군, 파키스탄의 모헨조다로의 개발, 보로보도사원 등의 문화유적의 국제적인 보호운동으로 이어지게 되었으며 UNESCO와 ICOMOS의 도움으로 문화유산 보호가 체계적으로 이루어지기 시작했다. 이에 따라 1965년 워싱턴 DC의 백악관에서 세계유산기금이 조성되었고 이에 따라 1972년 유네스코 인간환경 포럼에서 그 중요성이 대두되어 1972년 11월 첫 총회를 시작으로 발족되었다.

3) 설립목적 및 기능

세계의 문화 그리고 자연유산의 보호를 위해 발족되어 인간, 자연 그리고 문화유산 간의 균형을 위해서 만들어졌다. 자연, 문화유산의 보호를 위해 많은 프로젝트를 진행하고 있으며, 기금모금, 연구, 청소년 교육 등의 각종 문화사업도 활발히 펼치고 있다.

이를 위해 가입국의 대표들은 문화유산을 보호하는 문제들을 책임지고 해결할 세계유산위원회를 가입국 중 21개국으로 구성하였다. 이 위원회는 매년 1회씩 전체회의를 열고 여러 국가들이 신청한 문화유산과 자연유산 중 중요한 의미를 지니는 유산을 선정하여 유네스코 세계유산목록에 등록하며, 또 자연재해

나 전쟁 등으로 파괴된 문화재나 자연유산을 복구하는 일도 결정하기로 하였다.

4) 회원국

미국, 일본 등을 포함한 21개국이 위원국이며 2007년 182개국이 회원이다.

5) 한국과의 관계

한국은 1988년 102번째로 가입한 후 1989~1993년에 이 위원회의 이사국으로서 세계문화재 보존에 기여하였고, 2006년 10월부터는 위원국으로 활동하고 있다.

한국의 경우에는 석굴암·불국사(1995), 해인사 장경판전(1995), 종묘(1995), 창덕궁(1997), 수원화성(1997), 고창, 화순, 강화 고인돌유적(2000), 경주 역사유적지구(2000) 7건의 문화유산이 세계유산으로 등재돼 있다. 자연유산은 한 건도 등재되어 있지 않으나, 제주도의 자연유산에 대한 등재 여부가 논의 중이다. 북한은 2004년 고구려 고분군이 문화유산으로 등재되었다.

2 정보원

1) 정보배포정책

모든 정보는 홈페이지를 통해 무료로 열람할 수 있다. 대부분의 자료들은 영어와 프랑스어로 지원되며, 때에 따라서는 스페인어, 아랍어로도 지원된다. PDF 파일로 연구 논문, 리포트 등을 볼 수 있으며, 정기간행물은 과거자료의 검색도 가능하다.

2) 정기간행물

- ***World Heritage Paper Series***
  세계문화유산과 세계자연유산에 대한 각종 연구와 논문이 주제별로 연재 된다. 2002년도에 간행되어 그 이후 자료부터 검색이 가능하며, PDF 파일로 무료로 열람할 수 있다.
- ***World Heritage Review***
  3개월에 한 번씩 간행되는 간행물로서 세계유산에 대한 심도 있는 사설을 싣고 있다. 1996년 자료부터 PDF 파일로 무료로 열람할 수 있다(영어, 프랑스어, 스페인어).
- ***Newsletter***
  뉴스가 업데이트될 시 이메일 혹은 웹상에 게시되며, 1995년 자료부터 PDF 파일로 무료로 열람할 수 있다(영어, 프랑스어).

3) 단행본

- ***Case Studies on Climate Change and World Heritage(2007)***
- ***World Heritage: Challenges for the Millennium(2007)***
- ***UNESCO World Heritage Desk Diary 2007***
- ***The World Heritage Convention, Twenty Years Later(1993)***

4) 연구

- *Synthesis Report of the Seminar on Natural Heritage in the Caribbean Paramaribo, Suriname(2000)*
- *Report of the Regional Thematic Expert Meeting on Potential Natural World Heritage Sites in the AlpsHallstatt, Austria(2000)*
- *Synthesis Report of the Meeting on "Cultural Landscapes: Concept and Implementation" Catania, Italy(2000)*
- *Report of the Regional Thematic Meeting on Cultural Landscapes in Central AmericaSan Jose(Costa Rica)(2000)*
- *Conclusions of the Global Strategy Expert Meeting on Central Asian Cultural HeritageAshgabat, Turkmenistan(2000)*
- *Report of the World Heritage Fossil Sites WorkshopSydney, Australia(2000)*
- *Bureau of the World Heritage CommitteeParis(2001)*
- *Report on the Proposed World Heritage Indigenous Peoples Council of Experts Resolution Adopted by the 13th General Assembly of States Parties on the Protection of the Cultural Heritage of Afghanistan(2001)*
- *Extraordinary Session of the Bureau of the World Heritage Committee Helsinki, Finland(2001)*
- *25th Session of the World Heritage Committee Helsinki, Finland(2001)*
- *Synthesis Report of the Seminar on Natural Heritage in the*

Caribbean Paramaribo, Suriname(2000)

- *Report of the Regional Thematic Expert Meeting on Potential Natural World Heritage Sites in the AlpsHallstatt, Austria(2000)*
- *Synthesis Report of the Meeting on "Cultural Landscapes: Concept and Implementation" Catania(2000)*
- *Report of the Regional Thematic Meeting on Cultural Landscapes in Central AmericaSan Jose(Costa Rica)(2000)*
- *Conclusions of the Global Strategy Expert Meeting on Central Asian Cultural HeritageAshgabat, Turkmenistan(2000)*

WTO

World Tourism Organization

세계관광기구

1 기구

1) 소재지

주　　소	World Tourism Organization Capitn Haya, 42. 28020 Madrid
전　　화	(34) 91 567 81 00
팩　　스	(34) 91 571 37 33
전자우편	educa@unwto.org
홈페이지	http://www.unwto.org

2) 설립연혁

세계관광기구(WTO)는 관광 진흥과 발전을 통한 경제발전, 국제간 평화와 번영에 공헌할 목적으로 1975년에 설립된 정부 간 기구이다. 1925년 설립된 '국제관광연맹(IUOTO: International Union of Official Travel Organizations)'이 정부 간 기구로 개편된 것이다.

3) 설립목적 및 기능

설립목적은 세계 관광정책을 조정하고, 회원국의 관광경제발전을 도모하며, 각국의 사회문화적 우호관계를 증진함에 있다. 이를 위해 세계관광 통계자료를 제공하고, 정기간행물(WTO News)을 발간하고 있다. 또한 여행편의 촉진, 안전, 교육훈련, 정보교환 사업 등을 펼치고 있다.

4) 회원국

2001년 9월 현재 134개국의 정회원과 350개가 넘는 민간공공 관련 찬조회원들로 구성되어 있다.

5) 한국과의 관계

한국은 국제관광연맹(IUOTO)의 회원이었던 교통부(현 문화관광부)가 1975년 자동적으로 정회원으로 가입되었고 한국관광공사는 1977년 찬조회원으로 가입하였으며, 1992년 한국관광협회가 찬조회원으로 가입하였다. 북한은 1987년에 가입하였다.

② 정보원

1) 정보배포정책

대부분의 정보는 인터넷을 통해 무료로 열람할 수 있으나, 일부 단행본은 유료로 판매하고 있으며, PDF 파일로 지원하고 있다.

2) 뉴스 및 보도자료

뉴스는 새로운 정보나 뉴스가 있을 시 수시로 업데이트된다.

3) 정기간행물

- ***UNWTO magazine***
  연 4회 발행되는 공식 간행물로서 기구관련 소식과 관광관련
  뉴스를 개재 하고 있으며, PDF 파일로 읽을 수 있다.
- ***TedQual Magazine***
  WTO의 교육관련 간행물로서 우편을 통해 받을 수 있다.

4) 회의기록문

- ***International Conference on Destination International Conference in Destination Management: Creating Cimpetitive Advantage for Your Destination 7−9 February 2007, Budapest, Hungary***
- ***Regional Seminar/Workshop for Africa: Tourism Desrination Management Roites to Succes Addis Ababa, Ethiopia, 27−29 March 2006***
- ***Who Forum: New Paradigms for City Yourism Managemen Istanbul, Turkey, 1−3 June 2005***
- ***New Models for Destination Management and Marketing Structures Larnaka, Cyprus, 21−22 October 2004***

5) 단행본 및 보고서

① Educationa and Knowledge Management

- *Managing Tourism Knowledge*

② Development Assistance

- *UNWTO Technical Cooperation(2006)*
- *UNWTO Technical Cooperation Service(2005)*
- *Tourism Pearls of the Silk Road(2005)*
- *WTO Technical Cooperation Service(2004)*

③ Market Research

- *Tourism Market Trends 2004 − World Overview & Tourism Topics*
- *Special Report No 23: Inbound Tourism to the Middle East and North*(WTO 2003)
- *Tourism: 2020 Vision*
- *Outbound Tourism of the Republic of Korea*(WTO, 2000)
- *Outbound Tourism of Australia*(WTO, 2000)
- *Outbound Tourism of Japan*(WTO, 2000)
- *Outbound Tourism of Belgium*(WTO, 2001)
- *Outbound Tourism of Spain*(WTO, 2001)
- *Outbound Tourism of Japan & Korea, Results 2000*(WTO, 2001)
- *Outbound Tourism of Scandinavia, Market Profile*(WTO, 2002)

Ⅲ. 스포츠관련 국제기구 소개 및 정보원

AGFIS

General Association of Sports Federation
국제스포츠연맹총연합회

① 기구

1) 소재지

주   소   4, bd. du Jardin Exotique 98000 MONACO
전   화   +377 97 97 65 10
팩   스   +377 93 25 28 73
전자우편   Info@agfisonline.com
홈페이지   http://www.agfisonline.com

2) 설립연혁

국제스포츠연맹연합회(AGFIS)는 1967년 스위스 로잔에서 국제
스포츠연맹 간의 긴밀한 협조와 공동이익 추구를 목적으로 창
설되었으며 국제올림픽위원회(IOC)가 공인한 스포츠연맹들로
구성되어 있다.

3) 설립목적

모든 스포츠의 기술적인 운영을 담당하는 국제연맹의 총괄기구이며, 다양한 연맹의 총연합으로서 정보를 공유하여 공동이익을 추구하고 협동을 도모하는 것을 목적으로 한다.

4) 회원국

회원으로는 2007년 현재 축구 · 유도 · 체조 · 탁구 · 하키 · 아이스하키 · 핸드볼 · 펜싱 · 태권도 · 카누 · 보디빌딩 · 승마 · 댄스스포츠 · 볼링 · 수상스키 · 롤러스케이팅 · 트라이애슬론 등 94개 국제연맹이 가입되어 있다.

5) 한국과의 관계

한국은 다양한 연맹의 회원국으로, 전 IOC 부회장이던 김운용이 1986년에서 2004년까지 회장을 역임하였다.

② 정보원

1) 정보배포정책

AGFIS 정기간행물, 출판물, 보고서 등 모든 자료는 무료로 배포되며 홈페이지를 통해 이용할 수 있다. 회원연맹의 현재 또는 과거 간행물 또한 열람할 수 있다.

2) 정기간행물

- ***SPORT INSIDER BULLETIN***

  GAISF Letterd를 대신하여 국제적인 경기연맹의 이슈와 뉴스, 경기, 인물 등에 관한 내용을 모든 회원에게 일주일에 한 번 이메일을 통해 발송한다.

- ***SPORT INSIDER MAGAZINE***

  GAISF의 공식 간행물이며, 2005년부터 일 년에 두 번 경기연맹의 소식, 올림픽 관련 사항과 정규적인 경기일정에 관한 TV 및 마케팅 사설에 대한 내용을 싣고 있다.

- ***AGFIS/GAISF Magazine***

  SporTVision을 대신하여 2002년도부터 간행되기 시작하여 스포츠, TV 그리고 광고를 게재하고 있으며, 경기연맹들의 최신 정보들을 담고 있다.

- ***SporTVision(공식명칭: SporTime)***

  상부 조직위원회 임원들에게 발송되는 이메일이다.

- ***The GAISF Calendar***

  경기연맹에서 진행하는 경기의 일정, 회의 등이 수록되어 있다.

3) 간행물/리포트

- ***GAISF LIGHTING GUIDE(2006)***
- ***SPORTS EVENTS ORGANISATION(2001)***
- ***EVENTS ORGANISATION(2000)***
- ***'ORGANISATION OF A MEDIA DEPARTMENT', by Philippe Silacci(FIG) in co‑operation with Jean‑Louis***

Meuret(GAISF and FINA), Kathleen Di Giacomo(FISA) and Anna Legnani(IAAF), Edition 1999.

- *'SPORT & VOLUNTEERS', A Brochure Assembling the Presentations Made by Guest Speakers at the GAISF Congress in Osaka(1999)*
- *'SPORT & EDUCATION', A Booklet Assembling the Presentations Made by Guest Speakers at GAISF's X Xth Anniversary Congress(1998)*
- *'SPORT & TELEVISION', A Brochure Assembling the Presentations Made by Guest Speakers at the GAISF Congress in Seoul(1995)*
- *'SPORTS EQUIPMENT & SAFETY', A Brochure Assembling the Presentations Made by Guest Speakers at the GAISF Congress in Monte − Carlo(1994)*
- *'Ifs WITHIN THE OLYMPIC MOVEMENT', A Brochure Assembling the Presentations Made by Guest Speakers at the GAISF Congress in Sydney in(1991)*
- *Resolutions Adopted by GAISF during the 1982 − 1990 General Assemblies: The 'DECLARATION OF THE GENERAL ASSOCIATION OF INTERNATIONAL SPORTS FEDERATIONS − GAISF' Specifying the Principles and Listing the Objectives Adopted by the International Federations and Associations, Which are Members of GAISF*
- *'SPORT & THE MEDIA', A Brochure Assembling the*

Presentations Made by Guest Speakers at the GAISF Congress in Budapest(1989)

- *'THE DEVELOPMENT OF SPORT', A Brochure Having as its Goal to Improve the Organisation and to Implement the Practice of the Development of the Sports and to Facilitate the Organisation of Courses*
- *'THE TELEVISING OF SPORTS EVENTS', A Practical Booklet Having as Its Goal to Better Inform the GAISF Members and the National Sports Federations of the Possibilities Offered by Television*

ANOC
Association National Olympic Committees
국가올림픽연합회

1 기구

1) 소재지

주　　소	54, avenue Hoche 75008 Paris France
전　　화	+33 1 5660 5280
팩　　스	+33 1 5660 5555
전자우편	info@acnolympic.org
홈페이지	http://www.acnolympic.org/

2) 설립연혁

국가올림픽연합회(ANOC)는 IOC(International Olympic Committee: 국제올림픽위원회)에 가맹한 각국 NOC(National Olympic Committee: 국내올림픽위원회)의 연합체로, 1975년 5월 설립되었다. 스포츠의 유엔총회라 불릴 정도로 세계의 모든 나라가 참가하고 있으며, 본부는 프랑스 파리에 있다. NOC는 올림픽 경기 안에서 그들의 역할을 강화하고 정보와 경험을 교환하기 위해서 적어도 2년에 1번씩 모인다.

3) 설립목적 및 기능

IOC 집행부와 IOC 안에서 그들의 모임을 준비함으로써 NOC를 돕는다. 또한 NOC에 줄 텔레비전 중계권료의 이용에 대하여 IOC에 추천하는 일을 한다. 이 추천은 특히 올림픽 연대프로그램의 이행에 초점을 맞추어 이루어진다. 주요 기능은 다음과 같다.

① 개발도상국에 대한 협력

② IOC와 협력

③ IOC · NOC · ISF(International Sports Federation: 국제스포츠연맹)으로 구성되는 '올림픽회의'의 대표선출 등이다.

4) 회원국

아시아의 OCA(Olympic Council of Asia: 아시아올림픽평의회), 유럽의 EOC(European Olympic Committees: 유럽올림픽위원회), 아프리카의 ANOCA(Association of National Olympic Committees from Africa: 아프리카국내올림픽위원회연합), 아메리카의 PASO (Pan‐American Sports Organization: 범아메리카스포츠기구), 오세아니아의 ONOC(Oceania National Olympic Committees: 오세아니아국내올림픽위원회)의 5개 대륙으로 나뉘어 조직되어 있고, 가맹국은 1992년 12월까지 183개국이었으나, 2000년 현재 199개국이다.

5) 한국과의 관계

한국은 1948년부터 비준하였다.

② 정보원

1) 정보배포정책

ANOC의 자료들은 무료로 홈페이지를 통해 배포되고 있으며, PDF 파일로 열람할 수 있다.

2) 뉴스

ANOC의 행사와 포럼 결과들을 웹페이지를 통해 볼 수 있다.

3) 회의기록문

- *ANOCA Executive Committee's Motion against Racism(2006)*
- *UNESCO Convention Against Doping(2006)*
- *Cooperation Betwen the NOCs of Italy and Cyprus(2006)*
- *7th EOC Technical Seminar(2007)*
- *Olympic Solidarity Offices First Coordination Meeting*
- *Mexico City(2005)*

4) 보고서

- *View Constitution of ANOC(PDF)*

ANOCA

Association of National Olympic Committees of Africa
아프리카올림픽위원회연합

1 기구

1) 소재지

주　　소	6, Lasale Street Off Shehu Shagari Way
	Maitama, Abuja NIGERIA
전　　화	(237 2) 23 23 73
팩　　스	(237 2) 22 10 55
전자우편	acnoa@creolink.net
홈페이지	http://www.anoca.info

2) 설립연혁

아프리카올림픽위원회연합(ANOCA)은 토고의 롬에서 1981년 6월 28일 발족했으며 NOC의 구성원으로서 임무를 하고 있다.

3) 설립목적 및 기능

올림픽 정신에 입각하여 아프리카 대륙의 올림픽 윤리의 발전과 보호를 도모하고, 올림픽 개최에 있어 계획과 협동, 준비를 원활히 할 수 있도록 하는 것이다. 또한 여성의 스포츠 활동을 장려한다.

4) 회원국

아프리카 40여 개 국가가 회원국이다.

② 정보원

1) 정보배포정책

정보는 PDF 파일 형식으로 무료로 열람할 수 있다.

2) 정기간행물

- ***News letter***
  매달 발행되는 간행물로서 PDF 파일 형식으로 열람할 수 있다.

3) 보도자료

보도자료를 홈페이지에 게재해 PDF 파일 형식으로 열람할 수 있다.

4) 회의자료

- ***Forum on African Sport(2006)***

- *Africa International Sports Convention(2007)*
- *Seminar for African Athletes Associations(24 – 25 November 2006)*
- *African Seminar on Women and Sport Cairo – 25/28 September 2006*

ASOIF

Association of Summer Olympic International Federation

하계올림픽종목협의회

1 기구

1) 소재지

주　　소　Maison du Sport International Av. de Rhodanie
　　　　　54 1007 Lausanne Switzerland
전　　화　+41(0)21 601 48 88
팩　　스　+41(0)21 601 48 89
전자우편　info@asoif.com
홈페이지　http://www.asoif.com/

2) 설립연혁

1983년 5월 30일 21개의 연합을 포함하고 있는 하계올림픽 경기에서 국제하계올림픽종목협의회를 발족하기로 하여 공동의 이익을 추구하고 회원들 간의 긴밀한 협의를 위해 설립되었다.

3) 설립목적과 기능

다양한 스포츠 프로그램을 모니터하고 하계올림픽 기간 동안의 스포츠 발전을 도모하기 위함이다. 목적은 단합과 국제하계올림픽의 정신을 살려 공동의 이익과 목표를 추구함에 있으며 기능은 정직하고 올바른 프로정신에 입각한 올림픽 경기를 개최하는 데 있다.

4) 회원

회원은 28개의 국제스포츠연맹으로 이루어져 있고, 여기에는 태권도, 수영, 육상, 양궁, 테니스, 탁구, 체조 등이 포함되어 있으며 1년에 한 번 정규 회의를 개최해 공동의 이익을 도모한다.

5) 한국과의 관계

한국은 각 28개 국제스포츠연맹의 회원으로서 가입되어 있다.

② 정보원

1) 정보배포정책

정기적인 뉴스와 대회에 관한 내용을 인터넷과 이메일을 통해 게재하고 있으며 무료로 이용할 수 있다.

2) 정기간행물

4년에 한 번 치르는 하계올림픽 대회에 관한 계획, 결과 및 프로그램을 게시판을 통해 게재하고 있으며, PDF 파일로 이용할 수 있다.

3) 합의문

일 년에 한 번 이루어지는 정기 총회의 합의문을 열람할 수 있다.

CAS

Court of Arbitration for Sport

스포츠중재재판소

☐ 기구

1) 소재지

주　　소　Château de Béthusy Avenue de Beaumont 2 CH
　　　　　－1012 Lausanne, Switzerland
전　　화　(41 21) 613 50 00
팩　　스　(41 21) 613 50 01
전자우편　info@tas－cas.org
홈페이지　http://www.tas－cas.org

2) 설립연혁

1980년대 초 '후안 안토니오 사마란치' 전 IOC 위원장이 스포
츠중재재판소(CAS)의 창설을 제안하여 1984년에 설립되었다.

3) 설립목적 및 기능

스포츠중재재판소(CAS)는 어떤 단체의 감독도 받지 않는 독립기구로, 본부를 스위스 로잔에 두고 있다. 스포츠법(Sport Law)과 중재(Arbitration) 분야에 전문지식을 갖춘 87개국 출신의 중재위원(Arbitrator) 300여 명이 활동하고 있다. 주요 업무는 올림픽경기대회를 비롯한 각종 국제대회에서 일어나는 판정 시비, 약물 복용 시비, 선수자격 시비 등의 국제 스포츠 분쟁을 심판하는 것이다.

4) 회원국

스포츠법(Sport Law)과 중재(Arbitration) 분야에 전문지식을 갖춘 87개국 출신의 중재위원(Arbitrator) 300여 명이 활동하고 있다.

5) 한국과의 관계

한국 중재위원은 CAS에서 활동하고 있지는 않지만, 협조관계를 이루고 있다.

② 정보원

1) 정보배포정책

CAS의 간행물은 무료로 인터넷을 통해 열람할 수 있으며, PDF 파일로 이용할 수 있다. 하지만 일부 판례들은 문서로만 만들어져 있어 웹상이 아닌 본부에서만 열람할 수 있다.

2) 정보 및 보도자료

최근 뉴스와 최근 조정 자료들을 PDF 파일로 볼 수 있다.

3) 단행본

- ***Code of Sports-Related Arbitration and Mediation Rules***
  - ***Rules for the Resolution of Disputes Arising During the Olympic Games***
  - ***Guide to Arbitration(French/English/Spanish/German)***
  - ***Guide to Mediation***
  - ***Digest of CAS Awards($I + II$); To be Ordered from Kluwer Law Editions(www.kluwerlaw.com)***
  - ***Digest of CAS Awards-Olympic Games of Sydney 2000***

4) 통계

1996년부터 2007년 현재까지의 통계를 볼 수 있다.

EOC
European Olympic Committee
유럽올림픽연합

① 기구

1) 소재지

주　소	Palazzina CONI − "Villino Giulio Onesti" Via della Pallacanestro, 19 − 00194 Rome − Italy
전　화	(+39) 06 36 85 78 28/76 19
팩　스	(+39) 06 36 85 76 66
전자우편	secretariat@eurolympic.org
홈페이지	http://www.eurolympic.org

2) 설립연혁

Giulio Onesti(Italy), Raoul Mollet(Belgium) and Raymond Gafner(Switzerland)에 의해 1967년 테헤란에서 유럽 국가올림픽연합을 재정비하기로 생각하고, 이후 ANOC로 발전하게 되었다. 1968년 개최한 베르살리 회의에서 유럽대륙의 올림픽국가연합을 '장 버몬트'가 33개국을 중심으로 유럽올림픽연합(EOC)을 발족하였다.

3) 설립목적 및 기능

유럽올림픽연합(EOC)의 목적은 올림픽정신을 유럽지역에 널리 퍼뜨리는 것이며, 청소년에게 스포츠 정신과 친목도모를 고무시켜 평화적 사상을 알리고 유럽 국가들의 관계발전에 이바지하고 끊임없는 연구를 통해 공동의 이익을 창출하도록 하는 것이다.

4) 회원국

영국, 프랑스, 독일, 그리스, 스위스 등을 포함한 유럽 48개국이다.

5) 한국과의 관계

한국은 AOC의 회원국으로서 EOC와 협조관계에 있다.

② 정보원

1) 정보배포정책

모든 정보는 영어 및 프랑스어로 제공되며 홈페이지에서 무료로 열람할 수 있다.

2) 정기간행물

• *SportsEurope*

매달 간행되는 정기간행물로 유럽 각국에서의 스포츠경기 관련 기사, 사설과 포럼 내용으로 홈페이지에서 무료로 다운로드할 수 있다.

• *News letter*

매달 발간되는 뉴스이며, PDF 파일로 지원한다.

3) 회의록

수시로 열리는 회의 자료들의 '업데이트 세미나'나 '회의 참여'를 원활히 한다. 2004년 자료부터 검색이 가능하다.

FIFA
Fédération Internationale de Football Association
국제축구연맹

☐ 기구

1) 소재지

주　　소	FIFA－Strasse 20, P.O. Box 8044 Zürich, Switzerland
전　　화	＋41－(0)43 222 7777
팩　　스	＋41－(0)43 222 7878
홈페이지	www.fifa.com

2) 설립연혁

국제축구연맹의 약칭은 FIFA이다. 1886년 영국에서 4개 축구
연맹이 모여 국제평의회를 조직하였다. 이 평의회의 의결을 거
쳐야 축구경기규칙 변경이 가능하도록 결정하였고, 이 기구의
통제로 세계 축구 인구가 증가하였다. 1889년 영국에 인접한
덴마크·네덜란드에서 축구연맹을 결성하였고, 1895년 벨기에·
스위스·이탈리아·독일(1900)·헝가리(1901)·노르웨이(1902)·

프랑스(1903)·스웨텐(1904)의 순서로 세계 각국이 축구연맹을 결성하였다.

3) 설립목적 및 기능

국제축구연맹(FIFA)의 목적은 경기 추진, 각국 협회 간 우호 증진, 경기규칙의 준수 등이며, 4년마다 열리는 세계선수권대회를 주관한다. 조직으로는 최고 결정기관인 의회와 행정위원회, 징계위원회, 마케팅텔레비전 자문위원회 등이 있다. 그 밖에 상설위원회로는 재정위원회, FIFA 월드컵 조직위원회, FIFA 컨페더레이션스컵클럽 월드 챔피언십 조직위원회, 올림픽 축구 토너먼트 조직위원회, 청소년 경기위원회, 여자 축구위원회, 기술위원회, 스포츠 의학위원회, 법률 문제위원회 등이 있다.

FIFA의 규모가 커지고 업무의 범위가 늘어남에 따라 최근에는 지역별 연합에서 업무를 돕는다. 아시아 지역에는 AFC, 아프리카에는 CAF, 북부중부아메리카와 카리브 지역에는 CONCACAF, 남부아메리카에는 CONMEBOL, 유럽에는 UEFA, 오세아니아 지역에는 OFC 등이 있다.

4) 회원국

현재 한국, 미국, 영국, 프랑스, 이탈리아 등 208개국이 포함되어 있으며, 국제축구연합으로 1975년에서 2002년 사이에 무려 60여 개국이 가입하였다.

5) 한국과의 관계

한국은 1947년 7월에 가입하였으며, 2002년 일본과 함께 한·일공동월드컵을 개최하였다.

② 정보원

1) 정보배포정책

홈페이지를 통해 정보를 배포하고 있어 뉴스, 보도자료, 경기내용 및 일정들을 무료로 동영상과 사진으로도 지원하여 볼 수 있으며, 각 회원국들은 홈페이지를 통해 자국어로 대부분의 뉴스를 검색할 수 있다.

2) 정기 소식

- **News Letter**

  매주 발송되는 메일로 FIFA에서 주관하는 모든 경기의 일정, 결과, 뉴스를 무료로 받을 수 있다.

3) 정기간행물

- **FIFA Magazine**

  매달 발간되는 FIFA 공식 간행물로서 축구에 관한 최신 뉴스와 사설을 읽을 수 있다. 유료로 발송되고 있으며 영어, 프랑스어, 독일어, 스페인어로 읽어 볼 수 있다. 그러나 일부는 홈페이지에서 무료로 열람할 수 있다.

4) 보고서

보고서는 다음과 같이 4개의 주제 분야로 나누어 제공되고 있으며 홈페이지에서 무료로 PDF 파일을 열람할 수 있다.

① Laws

- *Beach Soccer Laws of the Game*

- *Futsal Laws of the Game*

- *Laws of the Game*

- *Questions and Answers to the Futsal Laws of the Game*

- *Questions and Answers to the Laws of the Game*

② Marketing

- *2010 FIFA World Cup South Africa, FIFA Public Information Sheet*

- *FIFA Event Names*

- *Guidelines for Media Organisations*

- *Marketing FAQs for the 2006 FIFA World Cup*

- *Regulations for the Use of Virtual Advertising*

③ Regulations

- *Beach Soccer Laws of the Game*

- *Regulations FIFA Beach Soccer World Cup, Rio de Janeiro 2006*

- *Regulations FIFA Club World Cup Japan 2006*
- *Regulations FIFA Futsal World Championship Chinese Taipei 2004*
- *Regulations FIFA U17 World Cup Korea 2007*
- *Regulations FIFA U－20 Women's World Championship Russia 2006*
- *Regulations FIFA U20 World Cup Canada 2006*
- *Regulations FIFA Women's World Cup China 2007*
- *Regulations FIFA World Cup Germany 2006*
- *Regulations FIFA World Youth Championship Netherlands 2005*
- *Regulations Men's Olympic Football Tournament 2004*
- *Regulations Men's Olympic Football Tournament 2008*
- *Regulations Women's Olympic Football Tournament 2008*

④ Miscellaneous Regulations

- *FIFA Safety Guidelines*
- *Football Stadiums: Technical Recommendations and Requirements －4th Edition*
- *Guide to the Artificial Lighting for Football Pitches*
- *Guidelines for FIFA Match Officials*

5) 통계

- *Big Count －Official Survey*

- *Matches*
- *FIFA Century Club*
- *Statistics FIFA Competitions*
- *Goal*

FISU

The International University Sports Federation
국제대학스포츠연맹

1 기구

1) 소재지

주　　소	54, avenue Charles Schaller B－1160 Brussels Belgium
전　　화	32 2 6406873
팩　　스	32 2 6401805
전자우편	fisu@fisu.net
홈페이지	http://www.fisu.net

2) 설립연혁

국제대학스포츠연맹(FISU)은 1949년에 창설되었다. 유니버시아
드의 기원인 학생스포츠대회는 19세기 초부터 있어 왔다. 당시
영국에는 대학생을 위한 스포츠경기대회가 조직되었고, 뒤이어
스위스·미국과 다른 유럽 국가에서도 조직되었다. 그러나 이
러한 조직이 20세기까지 이어지지는 못하였다. 1905년 NCAA
(National Collegiate Athletic Association: 국립대학선수연합)가

미국에서 조직되었으며, 다른 연합도 헝가리·폴란드·독일·스웨덴·노르웨이에서 생겼다. 제1차 세계대전 중 이러한 스포츠 단체의 활동은 1919년 프랑스에서 CIE(International Confederation of Students: 국제학생연맹)가 생길 때까지 중단되었다. 1923년 5월 WUC(World University Championships: 세계대학선수권대회)가 조직되었고 제1회 대회는 프랑스 파리에서 열렸다. 이 선수권대회는 선수들을 위한 대회로 당시 10개국에서 온 학생들이 참여하였으며, 1939년에 연합국과 추축국들이 분열했던 제10회 빈(Vien)대회를 끝으로 중단되었다. 제2차 세계대전 후 학생경기대회를 개최하자는 움직임이 있었으나, 1946년에 비로소 ISU(International Students Union: 국제학생연합)가 조직되었다. 그러나 ISU가 계속 정치적으로 흐르자 이에 반대하여 1949년 9월 FISU가 창립되었다. 1957년 동·서 두 진영의 긴장상태가 완화되자 두 진영이 모인 학생스포츠대회가 파리에서 열렸다. 1959년 토리노대회에서 '유니버시아드라'는 정식 이름을 쓰기 시작하였다.

3) 설립목적 및 기능

국제대학스포츠연맹은 스포츠의 가치와 스포츠의 활동 그리고 대학의 정신이 조화를 이루도록 도모하기 위해 만들어졌다. 연맹은 기부금, 가입비, 경기 입장료, 텔레비전 중계료 등으로 운영한다. 총회, 집행위원회, 10개의 보조위원회로 이루어져 있으며, 1959년 이후 2년마다 하계·동계 유니버시아드 대회를 개최한다.

4) 회원국

현재 한국을 포함한 129개국이 회원국이다.

5) 한국과의 관계

한국은 1967년에 FISU에 가입하였으며, 1997년 동계유니버시아드 대회가 전라북도 무주군 덕유산에서 열렸다.

② 정보원

1) 정보배포정책

국제대학스포츠연맹의 최근 뉴스와 포럼결과 등의 정보를 홈페이지를 통해 무료로 제공하고 있다.

2) 정기간행물

- ***University Sports Magazine***
  연 4회 발행되는 공식 간행물로서, 연맹의 근황과 대회결과 등을 영어 및 프랑스어로 볼 수 있다.

3) 보도자료 및 뉴스

2003년부터 2007년까지의 뉴스를 보관·제공하고 있다. 월별로 검색이 가능하다.

4) 문서

- 광고 인쇄물/포스터
- 공식성명서
- 연설문
- 소식지
- 전략적 문서
- 보고서

ICSSPE

International Council of Sport Science and Physical Education

국제스포츠체육협의회

☐ 기구

1) 소재지

주 소	Hanns – Braun – Strasse Friesenhaus Ⅱ 14053 Berlin Germany
전 화	＋49/30/36418850
팩 스	＋49/30/8056386
전자우편	icsspe@icsspe.org
홈페이지	http://www.icsspe.org

2) 설립연혁

국제스포츠체육협의회(ICSSPE)는 1956년 오스트레일리아의 멜버른에서 열린 국제체육학회의에서 결성되었으며, 1958년 프랑스 파리에서 설립되었다.

3) 설립목적

스포츠와 체육에 대한 연구를 장려하며 스포츠와 체육에 관련된 국제단체와 협력하여 그 발전을 꾀하는 것이 ICSSPE의 설립목적이다. 총회는 모든 ICSSPE 회원으로 구성되며, 2년마다 한 차례씩 회의를 갖는다.

주요 조직 가운데 연구위원회, 다큐멘테이션 정보국, 광고국, 국제스포츠 시설용구위원회, 스포츠 위원회, 스포츠와 레저, 국제스포츠 사회학위원회, 스포츠와 여행, 국제스포츠 역사위원회, 스포츠와 대중정보와 국제이해, 스포츠와 발전 등 11개의 상설위원회가 있다. FIMS(국제체력의학연맹), UNESCO(국제연합교육과학문화(국), ECOSOC(국제연합경제사회이사회)의 지원을 받는다.

4) 회원국

ICSSPE의 회원자격은 각국의 학회, 대학 연구기관, 국제 체육단체와 개인이며, 2002년 현재 60개국에서 200여 개의 단체가 가입하였다. 본부는 프랑스 파리에 있다.

5) 한국과의 관계

한국은 1947년 가입하여 활동하고 있다.

② 정보원

1) 정보배포정책

대부분의 자료는 유료로 제공되고 있으며, 회원일 경우 정기 소식지를 메일로 받아 볼 수 있다. PDF 지원이 되고 때에 따라서는 영어뿐만이 아닌 다른 언어로 번역된 간행물도 제공하고 있다.

2) 정기 소식지

- ***Perspectives***
  스포츠과학과 체육 교육에 대한 연구와 여러 분야에 걸친 주제에 대한 심도 있는 논문이 수록되어 있다.
- ***Bulletin***
  3년에 한 번 간행하는 체육교육 간행물로서 회원국의 정보공유와 연구, 행사에 대한 정보를 수록하고 있다.
- ***Sport Science Studies***
  스포츠 과학과 관련된 논문이 개제되어 있다.

3) 연구 간행물

- ***International Forum Sports and Development－Economy, Culture, Ethics(2005 ISSN: 1817－1036)***
- ***Sport, Rehabilitation and Reconstruction(2006)***
- ***World Summit on Physical Education(2000)***

- *World Summit on Physical Education(Chinese, Japanese, Polish, German)(2000)*
- *Ancient Traditions and Current Trends in Physical Activity and Sport(1997)*
- *Directory of Sport Science(2007 ISSN: 1729－3227)*
- *Vade Mecum(2007)*
- *Women, Sport and Physical Activity: Sharing Good Practice Darlene Kluka, Christine Melling and Deena Scoretz(2000)*

4) 도서 목록

- *Champions Don't Cheat*
- *An Annotated Bibliography and Analysis of Coaching Science*
- *Adapted Physical Activity－International Cooperation and Networking Opportunities*

IFPC

International Fair Play Committee

국제페어플레이위원회

1 기구

1) 소재지

주　　소	International Committee for Fair Play(CIFP) Hungary－1146 Budapet, Istvnmezei t 1－3.
전　　화	＋36 1 460 6957
팩　　스	＋36 1 460 6956
전자우편	cifp@fairplayinternational.org info@fairplayinternational.org
홈페이지	http://www.fairplayinternational.org

2) 설립연혁

1963년 폭력이 처음으로 이슈화되고 UNESCO 청소년 연맹의 세미나에서 이야기되어 페어플레이 정신을 계승한 "Pierre de Coubertin Awards"를 제창하고 이후 1970년 프랑스 페어플레이 위원회를 운영하고 있던 Pierre Comte－Offenbach가 국제 기구의 창설을 주도하였다. 1973년 Jean Borota를 비롯한 프랑

스 페어플레이 위원회 일원들이 1973년 5월 29일 그 명칭을
바꿔 International Committee for Fair Play(C.I.F.P.)로 만들어
IOC 산하의 기구로서 매년 페어플레이에 기여를 한 사람에게
'피에르 쿠르벵 트로피, 장 보로타 트로피', '윌리 다움 트로피'
를 수여하고 있다.

3) 설립목적 및 기능

IFPC의 목적은 세계적으로 페어플레이를 증진시키고 국가적
혹은 국제적인 스포츠 교육과 수준 높은 운동선수를 길러내기
위함이며 어린이와 청소년의 보호를 도모하고 교육자들에게 그
중요성을 고무시키기 위함이다.

4) 회원국

22개의 스포츠경기연맹과 9개의 국제스포츠기구, 105개의 IOC
회원국이 소속되어 있다.

5) 한국과의 관계

현재 한국은 회원국이며 임원으로 장정호 대한 올림픽아카데미
회장과 김운용 전 IOC 부위원장이 활동하고 있다.

② 정보원

1) 정보배포정책

홈페이지를 통해 정보를 배포하고 있으며, 매년 실시하는 페어플레이상에 관한 내용을 무료로 MS 워드로 볼 수 있다.

2) 연간보고서

- *Call for Nomination for World Fair Play Prizes for the Yar 2006*
- *World Fair Play Awards Ceremony for the Year 2006 - December 3, 2007 UNESCO House, Paris*

IOC

International Olympic Committee

국제올림픽위원회

☐ 기구

1) 소재지

주 소	Château de Vidy 1007 Lausanne Switzerland
전 화	(41 21) 621 61 11
팩 스	(41 21) 621 62 16
홈페이지	http://www.olympic.org

2) 설립연혁

국제올림픽위원회(IOC)는 1894년 프랑스의 피에르 쿠베르탱 (Pierre de Coubertin)의 제창에 의해 파리 의회에서 창설된 국제기구로서, 고대올림픽의 전통과 이념을 선양하고 아마추어 경기를 권장하며 올림픽경기대회의 정기적인 개최를 총괄·발전시키는 것을 목적으로 한다. 법률상의 지위는 국제법에 의한 법인체이며, 스포츠와 스포츠경기의 조직과 발전을 도모하고, 올림픽의 이상 아래 모든 국가 선수들 간의 우호 촉진과 강화에 힘쓰며, 4년마다 올림픽경기대회의 개최를 주도한다.

3) 설립목적

올림픽위원회의 목적은 올림픽 개최를 총괄하는 것으로서 올림픽 헌장에 기반하여 스포츠의 향상을 도모하는 것이다. 올림픽 개최를 경축하며 여성의 스포츠 참여를 돕고 스포츠 윤리와 선수들의 보호에 기여한다.

4) 회원국

IOC는 105개의(2003년 12월까지) 회원국으로 이루어져 있고, 매년 정기 총회를 열며 4년에 한 번씩 정기적으로 대회를 개최한다.

5) 한국과의 관계

한국은 1946년부터 회원국이며, KOC(Korea Olympic Committee)는 대한민국 정부가 수립되기 전인 1948년 1월 30일에 스위스 생 모리츠에서 열린 제5회 동계올림픽 출전을 시작하였다. 즉 1948년 런던올림픽은 KOC가 선수단을 파견한 첫 하계올림픽이다. KOC는 전란으로 불참한 제6회 오슬로 동계올림픽과 제22회 모스크바올림픽을 제외하고는 모든 올림픽에 참가하였다. KOC는 올림픽운동 증진을 위해 1986년의 제10회 아시아경기대회와 1988년의 서울올림픽을 유치해 성공적인 개최를 하였다. 역대 IOC위원으로는 1955~1960년까지 활동한 이기붕, 이상백(1964~1966), 장기영(1967~1977), 김택수(1977~1983), 박종규(1984~1985), 김운용(1986~현재), 이건희(1996~현재), 박

용성(2002~현재)이 활동했다. 1993년에 한국올림픽박물관을 개
관했다.

② 정보원

1) 정보배포정책

홈페이지를 통해 IOC의 최근 뉴스에 대한 정보 및 정기총회
결과, 올림픽 관련 자료를 동영상, PDF 파일 형태로 무료로 열
람할 수 있고, 뉴스의 검색도 가능하다.

2) 소식 및 행사

매년 정기 총회를 열며, 총회의 내용은 홈페이지를 통해 열람
이 가능하다.

3) 정기 소식

- *News letter*

일주일에 한 번 주요 경기일정과 뉴스를 이메일을 통해 배부
한다.

- *Olympic Review*

IOC에서 발행하는 공식 간행물이다. 일 년에 4차례 IOC의
활동과 경기, 그리고 뉴스에 관한 소식을 볼 수 있다. 우편을
통해 배부되며, 홈페이지에서 PDF 파일로 볼 수 있다.

4) Video News Room

IOC에서 진행되는 행사와 뉴스를 동영상을 통해 볼 수 있도록
해 놓고 있으며 언론매체 및 일반인이 열람할 수 있도록 보도
자료를 배포하고 있다.

5) 캠페인 자료

- *Celebrate Humanity Sponsor Recognition Page* − *31 January 2002*
- *Global Promotional Programme* − *23 January 2002*

6) 보고서

- *HIV & AIDS Prevention Through Sport* − *6 March 2007*
- *Host City Election Facts and Figures* − *19 June 2007*
- *Human Development Through Sport* − *6 March 2007*
- *IOC Members* − *5 March 2007*
- *Medical: The Fight against Doping and Promotion of Athletes' Health* − *5 March 2007*
- *Olympic Solidarity* − *5 March 2007*
- *Opening Ceremony of the Games of the Olympiad* − *5 March 2007*
- *Opening Ceremony of the Olympic Winter Games* − *5 March 2007*
- *Records and Medals of the Games of the Olympiad* − *26*

March 2007

- *Records and Medals of the Olympic Winter Games* − 5 *March 2007*
- *Revenue Generation and Distribution* − 18 *January 2006*
- *Roles and Responsibilities During the Olympic Games* − 5 *March 2007*
- *The Games of the Olympiad* − 5 *March 2007*
- *The IOC Sessions* − 5 *March 2007*
- *The Olympic Congresses* − 6 *March 2007*
- *The IOC, the Environment and Sustainable Development* − 5 *March 2007*
- *The Olympic Games of Antiquity* − 5 *March 2007*
- *The Olympic Movement* − 5 *March 2007*
- *The Olympic Museum* − 5 *March 2007*
- *The Programme of the Games of the Olympiad* − 5 *March 2007*
- *The Programme of the Olympic Winter Games* − 5 *March 2007*
- *Women in the Olympic Movement* − 5 *March 2007*

IPC

International Paralympics Committee

국제장애인올림픽위원회

☐ 기구

1) 소재지

주 소	Adenauerallee 212‒214 53113 Bonn Germany
전 화	+49‒228‒2097‒200
팩 스	+49‒228‒2097‒209
전자우편	info@paralympic.org
홈페이지	http://www.paralympic.org

2) 설립연혁

국제장애인올림픽위원회(IPC)는 1989년 9월 22일 설립되었으며, 국제적인 비영리기구로서 162개의 국립장애인연맹(NPC: National Paralympics Committee)과 네 개의 특정장애인스포츠협회(IOSDs)로 이루어져 있다. IPC 본부는 독일 본(Bonn)에 위치하고 있다. 네 개의 장애인스포츠협회는 아래와 같다.

- CPISRA: Cerebral Palsy International Sport and Recreation Association

- IBSA: International Blind Sports Federation
- INAS－FID: International Sports Federation for Persons with Intellectual Disability
- IWAS: International Wheelchair and Amputee Sports Federation

  시간이 지남에 따라 다양한 장애인들의 대회들이 발전해 나가면서 장애인올림픽으로 발전하여 국제적인 스포츠 축제가 되었다. 이에 따라 경기를 조금 더 원활히 하기 위해 1982년 '국제장애인스포츠총회(International Co－ordination Committee of World Sports Organizations for the Disabled)'가 만들어졌으며, 뒤이어 민주적인 구성을 골자로 독일 뒤셀도르프에서 1989년에 설립되었다.

3) 설립목적과 기능

국제장애인올림픽위원회(IPC)는 국제적인 기구로서 하계 및 동계 장애인올림픽을 개최하며, 12개의 경기연맹을 총괄하고 각종 대회를 조정하고 있다.

국제장애인올림픽위원회는 장애인 운동선수들에게 스포츠경기에 참여할 수 있는 기회를 균등히 주고 스포츠의 발전을 도모하여 장애인들이 초보에서 전문적인 스포츠 지식을 연마할 수 있도록 돕는다.

IPC는 장애인올림픽의 가치인 용기, 결정, 격려와 평등을 증진시키기 위한 목적을 가지고 있다.

4) 회원국

IPC는 다섯 개 대륙의 162개의 국립장애인올림픽위원회로 이루어져 있다.

- *African Sports Confederation for Disabled(ASCOD)*
- *European Paralympic Committee(EPC)*
- *Oceania Paralympic Committee*
- *Americas Paralympic Committee*
- *Asian Paralympic Council*

5) 한국과의 관계

한국은 1989년부터 IPC 회원으로서 1988년 하계장애인올림픽을 개최한 바 있다.

② 정보원

1) 정보배포정책

2000년 이후 정기간행물 및 보고서를 인터넷을 통해 무료로 열람할 수 있으며, 회원가입 시 전자우편으로 정보를 받을 수 있다.

2) 뉴스 및 보도자료

'Press release'와 'Current Affairs' 그리고 'IPC news flash'를

통해 보도자료 게시판을 분리해 홈페이지 내에서 MS word 및 PDF 파일을 열람할 수 있으며 회원가입을 통해 이메일로 정기적으로 받을 수 있다.

3) 정기간행물

- ***The Paralympian***

  1년에 4번 간행되는 IPC 공식 간행물로서 인터넷을 통해 무료로 열람할 수 있으며, 이메일 및 정규 우편으로도 받을 수 있다.

4) 보고서

- ***History of the Paralympic Movement(2007)***
- ***Organizational Structure of the IPC(2006)***
- ***IPC Headquarters(2005)***
- ***IPC Vision, Motto and Symbol(2005)***
- ***Anti - Doping(2001)***
- ***Classification(2003)***
- ***About the IPC(English, French, German, Spanish)(2003)***
- ***Paralympic Games Facts and Figures(2002)***
- ***Sport Governance(2000)***
- ***Guidelines - Reporting on Persons With a Disability(2000)***

ISF

International School Sports Federation
국제학교스포츠연맹

☐ 기구

1) 소재지

주 소	Steenweg op Jette 229 1080 Brussels Belgium
전 화	+32 − 2 − 423 01 30
팩 스	+32 − 2 − 423 01 31
전자우편	webmaster@isfsports.org
홈페이지	http://www.isfsports.org

2) 설립연혁

1960년대 학교 간의 스포츠경기가 늘어 감에 따라 토너먼트 형식의 경기로 관리되기 시작했다. 핸드볼이 1963년, 배구가 1969년, 축구와 배구가 1971년에 열렸으며, 기본적인 경기 규칙이 수립되고 공식적인 위원회를 발족하였다.

더 큰 수의 국제적인 대회가 발족하게 됨에 따라 1971년 유럽 학교 스포츠 연합이 발족되게 된다. 이후 미래에 대한 발전을 위해 유럽 국가에 국한된 연합일 수 없다는 판단하에 21개국의 대표들이 1972년 6월 4일 공식적으로 발족하게 되었다.

3) 설립목적과 기능

ISF는 공식적인 국제적 학교스포츠기구이며, 각기 다른 나라와 기구의 대표들의 연합이다. ISF는 국제적인 대회를 주관하고 스포츠 규율과 상호의 이해를 도모하기 위한 목적을 가지고 있다. 이 기구는 회원 국가와 학교 당국의 협동을 증진시켜 스포츠 연합을 이루는 국제적인 스포츠기구와 유사한 목적을 지니고 있다.

4) 회원국

아시아, 아프리카, 미주, 오세아니아, 유럽 등의 68개국이 회원이다.

5) 한국과의 관계

한국은 2008년 현재 회원국이 아니다.

② 정보원

1) 정보배포정책

홈페이지의 보고서 및 간행물 섹션에서 연보와 ISF 소식지를 무료로 다운로드하여 볼 수 있다. 또한 홈페이지는 행사 소식과 보도자료를 전하고 있다.

2) 정기간행물

- ***Open Door***

  연 2회 발행되는 공식 정기간행물로서 PDF 파일로 무료로 열람할 수 있으며, 2001년 자료부터 검색·열람할 수 있다.

3) 회의기록문

- ***Reports General Assembly Athens(Greece) 27/06/2006***
- ***Cagliari(Italy) 26/11/2004***
- ***Caen(France) 26/05/2002***
- ***Portimao(Portugal) 19/11/2000***

4) 기타

기타 회계자료와 연보를 홈페이지에서 PDF 파일로 볼 수 있다.

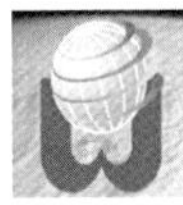

IWGA
International World Games Association
국제세계경기위원회

① 기구

1) 소재지

주   소   10 Lake Circle Colorado Springs, CO 80906 USA
전   화   +1 719 471 8096
팩   스   +1 719 471 8105
전자우편   info@worldgames-iwga.org
홈페이지   http://www.sportcentric.com

2) 설립연혁

국제세계경기위원회(IWGA)는 1981년 스위스 법률 아래 설립
한 비정부기구로 국제경기연맹을 회원으로 하고 있으며, 각 연
맹의 평등한 독립성을 인정하고 관리하기 위해 발족되었다.

3) 설립목적과 기능

IWGA의 목적은 회원 경기연맹의 종목의 대중성을 도모하고 각 종목에서의 성취를 달성하도록 만들어졌다.

4) 회원국

회원은 32개의 국제경기연합으로 이루어져 있다.

② 정보원

1) 정보배포정책

경기일정, 경기결과, IOC 관련 내용을 무료로 열람할 수 있고 각 경기연맹의 바로가기가 있으며 PDF 파일, VOD 자료를 이용할 수 있다.

2) 뉴스 및 보도자료

뉴스, 경기일정, 경기결과에 대한 내용을 2001년도 뉴스부터 검색할 수 있다.

3) 정기간행물

- ***The World Games Forum***
  인터넷을 통해 회원가입을 하면 무료로 자료를 이메일로 받아 볼 수 있다.
- ***Video Bank***
  IWGA의 경기를 동영상으로 볼 수 있다.

> # WADA
> World Anti Doping Agency
> 세계반도핑기구

① 기구

1) 소재지

주　　소	World Anti‒Doping Agency(WADA) Stock Exchange Tower 800 Place Victoria(Suite 1700) P.O. Box 120 Montreal(Quebec) H4Z 1B7 Canada
전　　화	+1 514 904 9232
팩　　스	+1 514 904 86
전자우편	info@wada‒ama.org
홈페이지	www.wada‒ama.org/

2) 설립연혁

1998년 사이클링 대회에서 마약 문제가 제기된 이후에 IOC는 도핑테스트의 중요성을 각성하게 되어 산하에 세계반도핑기구 (WADA)를 설립하게 되었다. 첫 번째 컨퍼런스는 스위스 로잔에서 1999년 2월 4일 발족하게 되었다. 2000년 시드니 올림픽 당시부터는 도핑테스트를 모든 종목에서 하게 되었다.

3) 설립목적과 기능

WADA는 국제적인 기구로서 스포츠에서 모든 종류의 반도핑을 증진시키고 조정하고 모니터링함을 목적으로 한다. 비전은 스포츠에서 도핑을 없애는 것이며 도핑에 대한 반대운동을 적극적으로 권장하는 데에 있다. WADA의 다양한 활동은 다음과 같다.

① CODE의 사용: 스포츠 활동을 도모하기 위해서 World Anti Doping Code(CODE)를 사용하여 모든 국가에서 반도핑 운동을 도모하고 모니터링을 하고 있다.

② 의학과 과학: 세계적인 연구를 통해서 도핑 테스트의 방법을 개발하고 치료방법을 도모한다.

③ Anti Doping Coordination: 웹상에서 시스템을 구축하여 반도핑을 도모하고 있다.

④ 반도핑 운동의 발전 도모: 각국의 반도핑 기구 설립을 도모하여 교육과 관리에 힘쓰도록 한다.

⑤ 교육: 반도핑의 교육을 도모하고 각종 프로그램을 만들어 관리하고 있다.

⑥ 교류: 세계적인 경기 및 행사에서 선수와의 일대일 질의응답을 통해 약물검사의 여부를 확인하고 있다.

⑦ 테스팅으로부터의 자유: 대회에서 선수들이 책임을 다해 테스팅으로부터의 자유를 도모하도록 한다.

4) 회원국

아프리카, 미주, 아시아, 유럽, 오세아니아 지역의 38개국이 회원이다.

5) 한국과의 관계

현재 한국은 회원국이나, 지부를 설치하고 있지는 않다.

② 정보원

1) 정보배포정책

정기적인 회의록 및 간행물 그리고 동영상을 인터넷을 통해 무료로 열람할 수 있으며, 각종 보고서들은 PDF 파일로 지원하고 있다.

2) 정기간행물

- **Play True Magazine**

  영어, 프랑스어, 스페인어로 지원하고 있으며, 1년에 한 번 혹은 두 번 간행되는 공식 간행물이며, 홈페이지에서 볼 수 있다.

- **Annual Report**

  매년 연구한 결과를 PDF 형식으로 다운로드할 수 있도록 되어 있다.

3) 전자도서관

각국에서 만든 반도핑 교육 프로그램 내용, 포스터, 연구결과를 인터넷을 통해 볼 수 있다.

4) 금지목록

매년 스포츠 선수들에게 약물 규정과 관련한 금지 사항의 리스트를 업데이트해 놓았다.

5) 기타

- ***Doping Control Video***
  스포츠인들을 위한 동영상 교육자료이다.
- ***Doing Control Refleats***
  영어, 프랑스어, 스페인어, 아랍어로 된 리플릿 자료들이며, 도핑에 대한 단계적인 설명이 첨부되어 있다.

WOA

World Olympic Association

세계올림픽협회

1 기구

1) 소재지

주 소	1146 Budapest, Istvanmezei út 1 – 3, Hungary
전 화	+(36 1) 460 6958
팩 스	+(36 1) 460 6959
전자우편	budapest@woaoffice.org
홈페이지	http://www.woaolympians.com/

2) 설립연혁

모든 올림피안은 세계올림픽협회(WOA)의 회원으로서 각 지역의 국립 올림픽 연합에 소속되어 있다. 후안 안토니오 사마란치가 WOA의 창설자이며 1994년 파리에서 발족하여 1995년 11월 올림픽 박물관에서 첫 회의를 개최하였다.

3) 설립목적과 기능

WOA는 80,000여 명의 올림피안들이 올림피안의 이익과 전 세계에서 이루어지는 올림픽 유치의 이익 창출을 위해 만들어졌다. 약물, 차별 그리고 폭력에 반대하며 페어플레이와 환경보호를 도모하고 있다.

4) 회원국

현재 105개의 회원국이 활동하고 있으며 각국에 지부가 설치되어 있다.

5) 한국과의 관계

한국은 1948년부터 회원국의 자격을 유지하고 있다.

② 정보원

1) 정보배포정책

정기적인 간행물과 뉴스를 홈페이지를 통해 게재하고 있으며, PDF 형식으로 원문을 볼 수 있다.

2) 뉴스

최신 올림픽 관련 뉴스와 이슈를 홈페이지에 게재하고 있다.

3) 정기간행물

- ***The Flame***

  연중 4회 발행하는 정기간행물로서 최근 이슈와 뉴스를 PDF 형식으로 제공하고 있다.

- ***Olympian Inside***

  매주 간행되는 정기간행물로 올림피안들의 칼럼을 PDF 형식으로 제공하고 있다.

- ***News Letters***

  연 4회 발행되는 신문으로 최신 이슈와 뉴스를 영어 및 스페인어로 읽어 볼 수 있다.

4) 단행본

- ***What an Olympians Should Know*** - *2003년 8월*

참고문헌

원숭룡. 2007. 『문화이론과 문화철학』. 파주: 서광사.

임학순. 2003. 『창의적 문화사회와 문화정책』. 서울: 진한도서.

장미진. 1995. 『아태문화포럼 추진방안 연구』. 한국문화정책개발원.

한국문화관광정책연구원. 2005. 『국제기구를 통한 문화협력사업 활성화 방안』. 서울: 동연구원.

Brooker. P. 1999. "Cultural Theory: A Glossary". London: Arnold.

Throsby. D. 2001. "Economics and Culture". Cambridge: The Press Syndicate of the University of Cambridge.

Williams. R. 1983. "Keywords: A Vocabulary of Culture and Society". 2nd, London: Fontana.

약 어 표

해사관련 국제기구 지식정보원(국제기구 지식정보원 시리즈 ①)

경제관련 국제기구 지식정보원(국제기구 지식정보원 시리즈 ②)

환경관련 국제기구 지식정보원(국제기구 지식정보원 시리즈 ③)

인권관련 국제기구 지식정보원(국제기구 지식정보원 시리즈 ④)

개발원조관련 국제기구 지식정보원(국제기구 지식정보원 시리즈 ⑤)

문화·스포츠관련 국제기구 지식정보원(국제기구 지식정보원 시리즈 ⑥)

[국제기구 지식정보원 시리즈 ①]

해사관련 국제기구 지식정보원

APFIC   Asia-Pacific Fishery Commission
                       아시아·태평양수산위원회
CCAMLR   Commission for the Conservation of
                       Antarctic Marine Living Resources
                       남극해양생물자원보존위원회
COFI   Committee on Fisheries, FAO Fisheries
                       Department
                       FAO 수산위원회
GLOBEC   Global Ocean Ecosystem Dynamics
                       전지구해양생태계역학
GLOBEFISH   글로브피시
GOOS   The Global Ocean Observing System
                       지구해양관측시스템
HELCOM   Helsinki Commission
                       Baltic Marine Environment Protection
                       Commission
                       헬싱키위원회
IAEA   International Atomic Energy Agency
                       국제원자력기구
IAHS-AISH   International Association of Hydrological

	Sciences
	Association Internationale des Sciences Hydrologiques
	국제수문학회
IAPH	International Association of Ports and Harbor
	국제항만협회
ICES	International Council for the Exploration for Sea
	국제해양탐사기구
IHO	International Hydrographic Organization
	국제수로기구
IMO	International Maritime Organization
	국제해사기구
INA PIANC	International Navigation Association PIANC (이전명: Permanent International Association of Navigation Congresses)
	국제상설항해협회
IOC	Intergovernmental Oceanographic Commission
	정부간해양학위원회
IOC/WESTPAC	IOC Sub-Commission for the Western Pacific
	IOC 서태평양위원회
IOC UNESCO	The Intergovernmental Oceanographic Commission of the United Nations Educational, Scientific and Cultural

	Organization
	정부간해양과학위원회
IODE	Intergovernmental Oceanographic Data and Information Exchange
	국가간해양자료정보교환시스템
IOPC Funds	The International Oil Pollution Compensation Funds (IOPC Funds)
	국제유류오염보상기금
ISA	International Seabed Authority
	국제해저기구
ITLOS	International Tribunal for the Law of the Sea(ITLOS)
	국제해양법재판소
IWC	International Whaling Commission
	국제포경위원회
NAFO	Northwest Atlantic Fisheries Organization
	북대서양수산기구
OSPAR Commission	Convention for the Protection of the Marine Environment of the North–East Atlantic
	북동대서양의 해양환경보호를 위한 협약
PICES	North Pacific Marine Science Organization
	북태평양해양과학기구
POGO	Partnership for Observation of the Global Oceans

지구해양관측공동체

SCOR Scientific Committee on Oceanic Research
해양과학위원회

SEAFDEC Southeast Asian Fisheries Development Center
동남아수산개발센터

TOKYO MOU Tokyo Memorandum of Understanding
아·태 지역 항만국통제 양해각서

UNFCCC United Nations Framework Convention on Climate Change
유엔기후변화협약

WCRP World Climate Research Programme
세계기후연구프로그램

WMO World Meteorological Organization
세계기상기구

WMU World Maritime University
세계해사대학

World Fish Center

International Center for Living Aquatic Resources Management
(전 ICLARM)
국제수산자원관리센터

[국제기구 지식정보원 시리즈 ②]

경제관련 국제기구 지식정보원

AARDO Afro - Asian Rural Development Organization
아·아 농촌자문기구

ACP Group African, Caribbean, Pacific Group
아프리카, 카리브 해 연안, 태평양 그룹

ACS Association of Caribbean States
카리브국가연합

ADB Asian Development Bank
아시아개발은행

ADC Andean Development Corporation
안데스개발공사

AfDB African Development Bank
아프리카개발은행

ANCOM Andean Community
안데스 공동체

APDC Asian and Pacific Development Centre
아·태 개발센터

APEC Asia - Pacific Economic Cooperation
아·태 경제협력체

ASEAN Association of Southeast Asian Nations
동남아시아국가연합

BADEA	Arab Bank for Economic Development in Africa 아랍·아프리카 경제개발은행
BIS	Bank for International Settlements 국제결제은행
CABEI	Central American Bank for Economic Integration 중미경제통합은행
CARICOM	Caribbean Community 카프리공동체
CDB	Caribbean Development Bank 카리브개발은행
CFC	Common Fund for Commodities 상품공동기금
CIRDAP	Centre on Integrated Rural Development for Asia and the Pacific 아·태지역 농촌종합개발센터
COMESA	Common Market for Eastern and Southern Africa 동남아프리카공동시장
CS	Commonwealth Secretariat 연방사무국
EAC	East African Community 동아프리카공동체
EADB	East African Development Bank 동아프리카개발은행
EBRD	European Bank for Reconstruction and

	Development 유럽부흥개발은행
ECA	United Nations Economic Commission for Africa 아프리카 경제위원회
ECE	United Nations Economic Commission for Europe 유럽경제위원회
ECLAC	Economic Commission for Latin America and the Caribbean/Comision Economica Para America Latinay ElCaribe(CEPAL)(스페인어) 라틴아메리카 카리브해 경제위원회
ECO	Economic Cooperation Organization 경제협력기구
ECOSOC	United Nations Economic and Social Council 유엔경제사회이사회
EFTA	European Free Trade Association 유럽자유무역연합
EIB	European Investment Bank 유럽투자은행
ESCAP	United Nations Economic and Social Commission for Asia and the Pacific 아·태경제사회위원회
ESCWA	Economic and Social Commission for Western Asia

	서아시아 경제사회위원회
FAO	United Nations Food and Agriculture Organization 유엔식량농업기구
FEALAC	The Forum for East-Asia-Latin America Cooperation 동아시아·라틴아메리카 협력포럼
IDA	International Development Association 국제개발협회
IDB	Inter-American Development Bank 미주개발은행
IFAD	International Fund for Agricultural Development 국제농업개발기금
IFC	International Finance Corporation 국제금융공사
IGAD	Intergovernmental Authority on Development 정부간개발기구
IGC	International Grains Council 국제곡물이사회
IMF	International Monetary Fund 국제통화기금
IOSCO	International Organization of Securities Commissions 국제증권관리위원회
ITC	International Trade Centre 국제무역센터

LAIA/ALADI Latin American Integration Association
라틴아메리카통합기구

LAS League of Arab States
아랍연맹

MIGA Multilateral Investment Guarantee Agency
국제투자보장기구

NATO North Atlantic Treaty Organization
북대서양조약기구

OAS The Organization of American States
미주기구

OECD Organization for Economic Cooperation and Development
경제협력개발기구

OECS Organization of Eastern Caribbean States
동카리브국가기구

OPEC Organization of Petroleum Exporting Countries
석유수출국기구

SAARC South Asian Association for Regional Cooperation
남아시아지역협력연합

SCO Shanghai Cooperation Organization
상하이협력기구

SEAMIC Southern and Eastern African Mineral Centre
동남아프리카광물센터

SELA Latin American and Caribbean Economic

	System
	라틴아메리카경제체제
UNCDF	United Nations Capital Development Fund
	유엔자본개발기금
UNCITRAL	United Nations Commission on International Trade Law
	유엔국제무역법위원회

UNCTAD - UNDP Global Programme

The Global Programme on Globalization, Liberalization and Sustainable Human Development

세계화, 자유화, 지속가능한 인간발달에 대한 국제프로그램

UNDP	United Nations Development Programme
	유엔개발계획
UNIDO	United Nations Industrial Development Organization
	유엔공업개발기구
WB	World Bank
	세계은행
WCO	World Customs Organization
	세계관세기구
WFP	World Food Programme
	세계식량계획
WTO	World Trade Organization
	세계무역기구

환경관련 국제기구 지식정보원

APPPC	Asia and Pacific Plant Protection Commission 아·태식물보호위원회
Basel Convention	Basel Convention on the Control of Transboundary Movements of Hazardous Wastes and their Disposal 바젤협약
CABI	CAB International 국제병해충연구소
CAN	Climate Action Network International 국제기후행동네트워크
CBD	The Convention on Biological Diversity 생물다양성협약
CCAMLR	Commission for the Conservation of Antarctic Marine Living Resources 남극해양생물자원보존위원회
CITES	Convention on International Trade in Endangered Species

멸종위기에처한야생동식물의국제무역에관한
협약

FoEI Friends of the Earth International
지구의벗국제본부

GEF Global Environment Facility
지구환경금융

Greenpeace International
Intergovernmental Forum on Chemical
Safety
그린피스

HABITAT United Nations Center for Human
Settlement
UN인간정주센터

IFCS Intergovernmental Forum on Chemical
Safety
정부간화학안전협의체

IPCC Intergovernmental Panel on Climate Change
기후변화에 관한 정부 간 패널

IPCS The International Programme on Chemical
Safety
국제화학안전계획

ITTO International Tropical Timber Organization
국제열대목재기구

IUCN International Union for the Conservation of
Nature and Natural Resources
국제자연자원보존연맹

OECD EPOC OECD Environment Policy Committee

환경정책위원회

OECD Environment Directorate

OECD 환경위원회

The Ozone Secretariat

Secretariat for the Vienna Convention for the Protection of the Ozone Layerand for the Montreal Protocol on Substances that Deplete the Ozone Layer

비엔나협약및몬트리올의정서사무국(오존사무국)

The Ramsar Convention on Wetlands

Convention on Wetlands of International Importance Especially as Waterfowl Habitat

물새서식지로서국제적으로중요한습지에관한협약(람사협약)

RAN Rainforest Action Network

열대우림보호운동네트워크

Sierra Club 시에라클럽

UNCCD United Nations Convention to Combat Desertification

유엔사막화방지협약

UNCSD Commission on Sustainable Development

유엔지속가능한개발회의

UNDP United Nations Development Programme

UN개발계획

UNEP United Nations Environment Programme

유엔환경계획

UNEP-WCMC United Nations Environment Programme

	World Conservation Monitoring Centre UN환경계획 – 세계보존모니터링센터
UNFCCC	United Nations Framework Convention on Climate Change 유엔기후변화협약
WBCSD	World Business Council for Sustainable Development 세계지속가능발전기업협의회
WMO	World Meteorological Organization 세계기상기구
Worldwatch	World Watch Institute 월드워치연구소
WWF	World Wildlife Fund for Nature 세계야생생물기금
UNCED	유엔환경개발회의 Un Conference on Environment and Development

[국제기구 지식정보원 시리즈 ④]

인권관련 국제기구 지식정보원

ACHR
Asia Center for Human Rights
아시아인권센터

AHRC
Asian Human Rights Commission
아시아인권위원회

AI
Amnesty International
국제사면위원회

Anti - Slavery International
국제노예제도반대기구

AWID
Association for Women's Rights in
Development
여성인권협회

CATW
Coalition against Trafficking in Women
여성매매반대연합

CCC
Clean Clothes Campaign
클린클로즈캠페인

CRIN
Child Rights Information Network
아동인권정보네트워크

CWI
Childwatch International Research Network
아동인권국제연구네트워크

DAW
Division for the Advancement of Women

	여성지위향상국
ECPAT	End Child Prostitution, Child Pornography and Trafficking of Children for Sexual Purposes(ECPAT) International 국제아동성착취예방기구
ENAR	European Network Against Racism 인종차별반대유럽네트워크
Equality NOW	이퀄리티나우
Free the Children International	국제아동단체
GAATW	Global Alliance Against Traffic in Women 여성매매를반대하는국제동맹
GFW	Global Fund for Women 글로벌여성기금
Global Rights	글로벌라이츠
Hurights Osaka	Asia－Pacific Human Rights Information Center 아시아·태평양인권정보센터
HREA	Human Rights Education Associates 인권교육연합
Human Rights First	전 LCHR(Lawyers Committee for Human Rights) (구)인권변호사협회
HRW	Human Rights Watch 인권감시기구
HRWF	Human Rights Without Frontiers International

	국경없는인권
ICRW	International Center for Research on Women
	국제여성연구센터
ILO	International Labor Organization
	국제노동기구
ILRF	The International Labor Rights Fund
	국제노동권기금
INSTRAW	United Nations International Research and Training Institute for the Advancement of Women
	여성지위향상을위한유엔훈련연구소기금
IWRAW	International Women's Rights Action Watch
	국제여권실행감시
MRG	Minority Rights Group International
	소수집단인권단체
OHCHR	Office of the United Nations High Commissioner for Human Rights
	유엔인권고등판무관실
OMCT	World Organization against Torture
	고문반대세계기구
Save the Children	세이브더칠드런
SW	Sweatshop Watch
	노동착취공장감시기구
UNHCR	Office of United Nations High Commissioner for Refugees
	유엔난민고등판무관사무소

UNIFEM	United Nations Development Fund for Women 유엔여성개발
WHRnet	Women's Human Rights Net 여성인권망

『국제기구 지식정보원 시리즈 ⑤』

개발원조관련 국제기구 지식정보원

AARDO Afro-Asian Rural Development Organization
아·아 농촌개발기구

ADB Asian Development Bank
아시아개발은행

ADRA Adventist Development & Relief Agency
International
아드라

APDC Asian and Pacific Development Centre
아·태 개발센터

BADEA Arab Bank for Economic Development in Africa
아랍·아프리카경제개발은행

Bread for the World
브레드포월드

CAFOD Catholic Agency for Overseas Development
가톨릭해외발전단

CARE International
케어

CGAP   Consultative Group to Assist the Poor
빈곤층을위한금융자문그룹

CGIAR   Consultative Groupon International Agriculture
Research
국제농업개발연구자문기구

CIRDAP   Centre on Integrated Rural Development for
Asia and the Pacific
아·태지역농촌종합개발센터

Concem Worldwide
컨선월드와이드

CPRC   Chronic Poverty Research Center
빈곤연구센터

DGF   Development Gateway Foundation
개발게이트웨이재단

EBRD   European Bank for Reconstruction and
Development
유럽부흥개발은행

FAO   United Nations Food and Agriculture Organization
유엔식량농업기구

FFP   Food For the Poor
빈민대책

FH   Food for the Hungry
기아대책

GAA   German Agro Action
저먼애그로액션

GNI	Good Neighbors International 굿네이버스
IDA	International Development Association 국제개발협회
IDB	Inter-American Development Bank 미주개발은행
IDLO	International Development Law Organization 국제개발법기구
IDRC	International Development Research Center 국제개발연구센터
IFAD	International Fund for Agricultural Development 국제농업개발기금
IICD	International Institute for Communication and Development 국제통신 및 개발연구소
IIED	International Institute for Environment and Development 국제환경및개발연구소
IIRR	International Institute of Rural Reconstruction 국제지역사회개발연구소
ODI	Overseas Development Institute 해외개발연구소
OECD	Organization for Economic Cooperation and Development 경제협력개발기구

Oxfam International
옥스팜

SADC Southern African Development Community
남아프리카개발공동체

SOS Share Our Strength
우리의힘을모아

UNCDF United Nations Capital Development Fund
유엔자본개발기금

UNCHS United Nations Center for Human
Settlements(UN Habitat)
유엔인간정주위원회

UNCTAD United Nations Conference on Trade and
Development
유엔무역개발협의회

UNDP United Nations Development Programme
유엔개발계획

UNFPA United Nations Population Fund
유엔인구기금

UNICEF United Nations Children's Fund
유엔아동기금

UNIDO United Nations Industrial Development
Organization
유엔공업개발기구

UNIFEM United Nations Development Fund for Women
유엔여성개발기금

UN－OHRLLS United Nations Office of High Representative for the Least Developed Countries, Landlocked Developing Countries and Small Island Developing States
유엔최빈국－내륙국고위대표실

UN－OSAA Office of the Special Adviser on Africa United Nations
유엔아프리카자문관실

UN－RDFS UN System Network on Rural Development and Food Security
유엔농촌진흥및식량확보네트워크

UNRISD United Nations Research Institute for Social Development
유엔사회개발연구소

UNV United Nations Volunteers
유엔자원봉사단

WB World Bank
세계은행

WFP World Food Programme
세계식량계획

World Vision International
월드비전

[국제기구 지식정보원 시리즈 ⑥]

문화 · 스포츠관련 국제기구 지식정보원

[문화관련 국제기구 지식정보원]

ACARM
Association of Commonwealth Archivists and Records Managers
영연방기록전문가와기록물관리자협회

AFCI
Association of Film Commissioners International
국제필름커미션연합

ARMA International
Association of Records Managers and Administrators, International
국제기록관리자및행정가협회

ARMS
UN Archives and Records Management Section
유엔기록관리부

BIE
Bureau of International Exposition
세계박람회기구

DOCOMOMO
Documentation and Conservation of Buildings, Sites and Neighborhoods of the Modern Movement
근대운동에관한건물과환경형성의기록 · 조사및보존을위한조직

EBLIDA	European Bureau of Library, Information and Documentation Association 도서관·정보·도큐멘테이션협회유럽지부
ECF	European Cultural Foundation 유럽문화재단
EFAH	European Forum for Arts and Heritage 유럽예술유산포럼
ERICarts	European Institute for Comparative Cultural Research 유럽문화연구재단
FIAPF	International Federation of Film Producers Association 세계영화제작자연맹
IAMIC	International Association of Music Information Centers 국제음악정보센터협회
IAML	International Association of Music Libraries; Archives and Documentation Centres 국제음악도서관·기록관및도큐멘테이션센터협회
IASA	International Association of Sound and Audiovisual Archives 국제음향및시청각기록관협회
ICA	International Council on Archives 국제아카이브스협의회
ICBS	International Committee of the Blue Shield 국제블루실드위원회

ICCROM	The International Center for the Study of the Preservation and Restoration of Cultural Property 세계문화유산보존및복구연구센터
ICH	Intangible Cultural Heritage 세계무형유산
ICOM	International Council of Museums 국제박물관협회
ICOMOS	International Council on Monuments and Sites 국제유물및유적협의회
IFACCA	International Federation of Arts Councils and Culture Agencies 국제예술문화협회연맹
IFFA/FIAF	International Federation of Film Archives 국제영상기록연맹
IFLA	International Federation of Library Associations and Institutions 국제도서관협회연맹
IIC	International Institute of Communications 국제방송통신기구
IMC	International Music Council 국제음악협회
International PEN	International Association of Poets, Playwrights, Editors, Essayists and Novelists 국제펜클럽

IOV	International Organizaion of Folk Arts
	국제민간문화예술교류협회
IRMT	International Records Management Trust
	국제기록관리신탁
ISCM	International Society for Contemporary Music
	국제현대음악협회
ITI	International Theatre Institute
	국제연극기구
PARBICA	Pacific Regional Branch International Council on Archives
	국제아카이브스협의회태평양지역위원회
UN Documentation Centre	
	유엔도큐멘테이션센터
UNESCO Archives	유네스코기록관
UNESCO MOW	UNESCO Memory of the World
	유네스코세계기록유산
UNESCO MOWCAP	
	UNESCO Memory of the World Committee for Asia/Pacific
	유네스코아시아 · 태평양세계기록위원회
WCO	World Culture Open
	세계문화오픈
WHC	World Heritage Committee
	세계유산위원회
WTO	World Tourism Organization
	세계관광기구

[스포츠관련 국제기구 지식정보원]

AGFIS General Association of Sports Federation
국제스포츠연맹총연합회

ANOC Association National Olympic Committees
국가올림픽연합회

ANOCA Association of National Olympic
Committees of Africa
아프리카올림픽위원회연합

ASOIF Association of Summer Olympic
International Federation
하계올림픽종목협의회

CAS Court of Arbitration for Sport
스포츠중재재판소

EOC European Olympic Committee
유럽올림픽연합

FIFA Fédération Internationale de Football
Association
국제축구연맹

FISU The International University Sports
Federation
국제대학스포츠연맹

ICSSPE International Council of Sport Science and
Physical Education
국제스포츠체육협의회

IFPC International Fair Play Committee
국제페어플레이위원회

IOC   International Olympic Committee
국제올림픽위원회

IPC   International Paralympics Committee
국제장애인올림픽위원회

ISF   International School Sports Federation
국제학교스포츠연맹

IWGA   International World Games Association
국제세계경기위원회

WADA   World Anti Doping Agency
세계반도핑기구

WOA   World Olympic Association
세계올림픽협회

국문색인

영문색인

• 저자 •

노영희
(魯榮姬)

•약 력•

연세대학교 문헌정보학과 정보학 박사
한국과학기술연구원(KIST) 자료실 연구원
한국정보공학(KIES) 정보검색엔진개발팀 팀장
이화여대 국제정보센터 자료실장
현) 건국대학교 문헌정보학과 교수
　　교육인적자원부 대학도서관 정책자문위원
　　DLS 표준관리위원회 위원

•주요 저서 및 논문•

「개념기반 검색을 위한 시소러스 관계의 효과적 활용방안에 관한 연구」
「주제별 분산 지식베이스에 의한 개념기반 정보검색 시스템의 성능향상에
관한 연구」
「A Study on Automatic Text Categorization of Internet Documents」
「A Study on the Estimation of Performance of Concept Based Informa-
tion Retrieval Model Using the Web」
「기계학습 기반 피드백 과정을 통한 SDI 시스템의 성능향상에 관한 연구」
「문헌정보학 교육과정의 특성화된 프로그램 개발 및 활용에 관한 연구」
『디지털콘텐츠의 이해』
『인문과학과 예술의 핵심 지식정보원』
『경제학의 핵심 지식정보원』
『2009 한국문헌정보학 교과과정』
『개념기반 정보검색 기법』

외 다수

홍현진
(洪賢珍)

•약 력•

연세대학교 문과대학 문헌정보학과(학사)
University of Michigan in Ann Arbor 문헌정보학과(석사)
연세대학교 대학원 문헌정보학과(박사)
대우경제연구소 정보자료실 실장
한국도서관협회 기획위원
국립중앙도서관 장서개발위원
문화관광부 문화기반시설 평가위원
현) 정보관리학회 편집위원
　　교육인적자원부 대학도서관 정책자문위원
　　문화관광부 국가도서관정책 자문위원
　　전남대학교 사회과학대학 부학장
　　전남대학교 사회과학대학 문헌정보학과 교수

•주요 저서 및 논문•

「우리나라 공공도서관에 대한 평가지표 연구」
「웹 기반 데이터베이스의 품질평가 기준 개발에 관한 연구」
「국가문헌센터 건립 최적화 연구」
「A Study on Possible Ways to Improve Policy Information Services and
Demand Survey Analysis」

『도서관의 정보서비스 품질평가 연구에 관한 고찰』
『정책정보통합서비스시스템 구축 모형에 관한 연구』
『문헌정보학의 연구방법론』
『한국도서관기준』
『국제기구 지식정보원의 이해와 활용』
『경제관련 국제기구 지식정보원』
『도서관 조직의 혁신과 변화논리』

도서관 경영정책과 정보서비스 분야에 약 50여 편의 논문을 발표함

국제기구 지식정보원 시리즈 ❻

문화·스포츠관련 국제기구 지식정보원

초판인쇄 | 2009년 7월 31일
초판발행 | 2009년 7월 31일

지은이 | 홍현진, 노영희
펴낸이 | 채종준
펴낸곳 | 한국학술정보㈜
주 소 | 경기도 파주시 교하읍 문발리 파주출판문화정보산업단지 513-5
전 화 | 031) 908-3181(대표)
팩 스 | 031) 908-3189
홈페이지 | http://www.kstudy.com
E-mail | 출판사업부 publish@kstudy.com

등 록 | 제일산-115호(2000. 6. 19)
가 격 | 34,000원

ISBN   978-89-268-0228-1 93060(Paper Book)
       978-89-268-0229-8 98060(e-Book)